EU SOU O ESPECIALISTA DO ESTRANHO

EU SOU O ESPECIALISTA DO ESTRANHO

FRANDSEN

Este livro é dedicado ao meu Anjo da Luz Estelar...

Meu farol de esperança, minha chama eterna, minha amada esposa.

A você, eu prometo meu destino, a musa de cada batida do meu coração, o brilho da minha alma, o fogo perfurando as sombras. Sua essência é uma fantasia concretizada, um sonho concedido a poucos afortunados. Em seus sonhos, você pode sentir minha presença; ao acordar, você pode sentir meus pensamentos. Durante a noite, eu abraço você, imaginando os dias mais brilhantes que nos aguardam. "Eu te amo" é apenas um humilde tributo à força que você é em minha vida, mas essas palavras mal captam a amplitude da minha adoração. Sua aura divina me eleva; a doçura do seu beijo se aprofunda com o tempo, unindo-me cada vez mais a você. Diariamente, eu me esforço para transmitir meu amor e, embora possa exigir um esforço hercúleo para você perceber seu próprio esplendor como eu, estabeleço as bases para um legado que gravará nossa

CONTENTS

Dedicação   v

Uma carta do autor   1

Antes de eu ser "Dakota"   7

Início da vida como "Dakota"   23

Crescendo e mirando   39

Tornando-se o Homem   67

Oficialmente um adulto   89

Tornando-se o especialista do estranho   147

Isto foi guerra   169

Revelações Extraterrestres   211

Reflexões do Especialista   287

Links para mais informações   299

Sobre o autor 301

Uma carta do autor

CARO LEITOR,

Não sei o que fez você escolher este livro ou o que está acontecendo em sua vida neste momento. Honestamente, me perguntei por que publiquei isso. O objetivo era revelar alguns dos segredos mais obscuros que já guardei. Eram coisas que eu estava literalmente com muito medo de compartilhar até agora. Já tentei compartilhar minha própria história antes, de outras maneiras: pegue aquelas cartas de "Querido Kota" e transforme-as em mais. Eu queria relembrar os dias que moldaram quem somos, compartilhar diários pessoais e descobertas de anos de pesquisa.

Mas entre estranhas falhas técnicas e minha própria reação ao estresse de tudo isso, perdi tudo mais vezes do que poderia contar. Talvez algum dia eu faça um lançamento mais completo, se algum dia conseguir descobrir como manter tudo inteiro.

Algo – ou alguém – apagou tudo o que podiam alcançar. Felizmente, eu tinha backups para resgatar o que pude. Mas assim que me sentei para contar mais sobre minha estranha vida, algo me puxou para outra aventura. Algumas pessoas realmente acham que o título que carrego, "Especialista do Estranho", é um pouco de pretensão que sonhei, mas na verdade foi inventado como uma piada que saiu do controle de um bom amigo e que se transformou em algo muito maior.

A vida segue caminhos engraçados, certo?

Chega disso. O que importa agora é por que você está segurando este livro e sobre o que preciso avisá-lo antes de começar.

Meu nome é Dakota Frandsen e minha vida está repleta de coisas que a maioria das pessoas chamaria de "sobrenaturais". Há muitos dias em que gostaria que não fosse, momentos em que desejei poder ser "normal". Por outro lado, quando vejo o que a sociedade chama de "normal" hoje em dia, prefiro ficar com o desconhecido. Eles me chamaram de "Especialista do Estranho" porque lidar com a forçaO que está além deste mundo se tornou uma segunda pele para mim. Eu lutei contra fantasmas, cacei monstros, lutei contra deuses e até tive alguns encontros bastante selvagens com seres de outros mundos. Sei que parece absurdo e não culpo você se estiver cético. Honestamente, mesmo com evidências de algumas dessas experiências, às vezes questiono minha própria sanidade. É em parte por isso que o nome da minha empresa, "Bald and Bonkers", pegou – mas isso é uma história para outro dia.

Estou incluindo esta nota como um alerta. Além de censurar alguns detalhes para proteger a privacidade das pessoas, não estou escondendo nada.

Parte do que você lerá poderá partir seu coração, e parte poderá assombrar suas noites como aconteceu com a minha. Mas se quiser realmente compreender as realidades do mundo lá fora, ou como esses eventos me transformaram na pessoa que sou hoje, sou compelido a compartilhar tudo - o bom, o ruim, a alegria, a dor, os sonhos, e o pesadelo.

À medida que eu vasculhava as memórias reprimidas desta e de outras vidas, muitas coisas surgiram - nem eu estava preparado para isso.

Talvez este aviso pareça dramático, mas decidi publicar os meus diários tal como foram escritos, com edições mínimas, exceto para a privacidade de terceiros. Esses registros são brutos, não filtrados e escritos conforme vieram até mim no momento.

Fiz o meu melhor para reter os detalhes com a maior precisão possível, mas a mente é uma coisa frágil. Tive a sorte de trabalhar com alguns mentores que me ajudaram a ver através da névoa e a entender o que passei. Muitos dos nomes de espécies extraterrestres, mundos e muito mais são baseados no que eles me ensinaram, pois sempre senti que os termos genéricos da Nova Era não fazem justiça à realidade que tenho visto.

Não se trata de copiar a história de ninguém. Estas são minhas experiências, embora algumas se sobreponham a outras. As pessoas me chamaram de "Dean Winchester da vida real" depois de ouvir algumas de minhas aventuras. Outros tentaram me vincular a sociedades secretas, provavelmente porque tive a oportunidade de trabalhar em grandes projetos de livros, filmes, TV e até mesmo expedições científicas.

Existem muitas teorias da conspiração por aí alegando que sou outra pessoa – alguma outra figura com uma história semelhante – e me chamando de fraude. É chato, mas aprendi a lidar com isso.

Honestamente, é parte da razão pela qual gosto muito de trabalhar sozinho. Conotações religiosas, ego e drama são apenas um monte de porcaria que consegui eliminar da minha vida. O que aconteceu em 2024 realmente deixou isso claro - o quão longe eu me desviei do meu caminho. Mas nunca é tarde para corrigir o curso. Confie em mim ou não, essa é sua prerrogativa, mas esta é a minha história. Espero que, em certa medida, você encontre algo útil nisso. Deixe-me avisá-lo de antemão: esta jornada me conecta a alguns dos eventos mais sombrios da história. Até mesmo mencionar algumas dessas coisas colocou meus amigos e familiares em perigo.

Considere-se avisado... Mas, além disso, espero que essas entradas ajudem você a entender como minha mente funciona. Tem sido solitário; Eu sei que outros por aí estão tendo suas próprias lutas. Embora as nossas histórias possam ser diferentes, a chave para sobreviver será a partilha de experiên-cias através das quais novas ideias e soluções sur-girão das nossas próprias histórias. Talvez seja por isso que os poderes constituídos nos mantêm tão divididos. Mas temos o poder de assumir o controle. É ficar sentado esperando que alguém nos salve, que deixe os corruptos assumirem o controle em primeiro lugar. Então aqui está minha contribuição.

Com amor,

Dakota Frandsen

Especialista do Estranho/Gigolô Intergalático

CEO da Bald and Bonkers Network LLC

Antes de eu ser "Dakota"

Localização: Planeta Taalihara

Quando adolescente, em transição para a idade adulta, fui admitido nas forças militares Taalihara. Minha posição era baixa, envolvendo principalmente tarefas de patrulha e espionagem ocasional para monitorar possíveis facções rebeldes. Os Taal Shiar, que se acredita serem extraterrestres humanóides, supostamente ajudaram o Terceiro Reich durante a Segunda Guerra Mundial. Durante um briefing, foi revelado que Maria Orsic recebeu materiais através de comunicações telepáticas sob falsos pretextos, levando à criação de supostos OVNIs nazistas, armamento sofisticado e alianças secretas forjadas pouco antes de 1930. Na década de

1940, recuamos para o que acredito ter sido Antártica antes de deixar a Terra e retornar ao nosso mundo natal.

O meu tempo com os nazis despertou um sentimento de dúvida sobre a missão e a busca pelo poder. Fui encarregado de monitorar humanos e potencialmente me infiltrar na equipe de segurança de Adolf Hitler. Matei homens, mulheres e crianças, justificando estas ações como consequências da guerra. Eu via os humanos como fracos, inferiores e facilmente manipulados. Apesar das minhas dúvidas, acreditei que estava servindo a uma causa justa.

Uma noite, de volta a Taalihara, testemunhei um Draconiano, provavelmente um membro da realeza Ciakharr, encurralando três crianças com a intenção de matar. Abri fogo com um rifle baseado em plasma, provavelmente ferindo, mas não parando a criatura.e. Gritei para as crianças correrem, direcionando-as para uma cápsula de fuga próxima – uma elegante nave de metal capaz de transportar dez pessoas mais suprimentos.

Ao embarcarmos na cápsula de fuga, o Draconiano nos perseguiu, tentando morder as crianças. Reagi com o rifle, fazendo pouco progresso. Os gritos das crianças levaram à compreensão de que eu tinha que matar o Draconiano para garantir a nossa fuga. A criatura bateu com os punhos na nave, sacudindo tudo e todos. Gritei por uma anulação para contornar os protocolos de segurança que impediam a decolagem devido a uma obstrução. Agarrando os chifres da criatura, torci seu pescoço, mirando no que acreditava ser um ponto fraco. A nave decolou com a criatura presa na porta. Quando seu pescoço quebrou, os olhos do Draconiano mudaram de uma expressão de réptil furioso para uma expressão humana, aparentemente me agradecendo por acabar com sua vida.

Enviei um pedido de socorro à Federação, temendo retaliação e duvidando da aceitação devido à minha afiliação ao Taal Shiar (Grupo Pleiadiano Renegado). Uma mulher respondeu, direcionando-me para um posto avançado para interceptar as crianças e levá-las para um local seguro. Ela me ofereceu refúgio, que aceitei com hesitação, pedindo tempo para voltar a Taalihara para resgatar minha família. A mulher entendeu, avisando-me que estavam se espalhando notícias sobre minhas ações desonestas.

Voltei para casa e encontrei uma mistura de pânico e confronto. Alguns familiares acreditaram em mim, enquanto outros seguiram a narrativa oficial. A minha mãe, liderando a oposição, acusou-me de pôr a família em perigo ao salvar as crianças. Minha irmã ficou visivelmente dividida e meu pai acabou acalmando a todos, reconhecendo minha difícil escolha. Ele me incentivou a partir para a segurança de todos. A expressão em seus olhos partiu meu coração, mas parecia que ele e eu tínhamos o relacionamento mais próximo de todos os outros; um vínculo que seria cuidado em outra vida... se eu estiver entendendo como tudo se desenrolou.

Antes que eu pudesse escapar adequadamente, fui interceptado e fiquei inconsciente. Quando acordei, encontrei-me amarrado a uma mesa e meu torso aberto desde a base do pescoço até logo acima da virilha. Um cientista draconiano enfiou as mãos escamadas em minhas entranhas e percebeu que eu estava acordado. Sua linguagem era semelhante à das grandes iguanas e às recriações do chamado de um tiranossauro. O tom e a melodia arrepiam minha espinha só de pensar nisso. Assim que o ser percebeu que eu estava acordado, teve grande prazer em me torturar; apertando meus pulmões com suas garras para que eu não pudesse gritar de dor. Minha condição estava comprometida demais para que qualquer sistema interno funcionasse adequadamente, mas eu poderia dizer que meu captor estava cantando enquanto penetrava em minha carne.

Só fui solto quando o som de uma explosão distante ecoou pela instalação. As reverberações sonoras me disseram que o prédio era de metal, possivelmente em algum lugar tropical. Observei meu torturador olhar na direção da explosão, irritado por ter sido interrompido, e se virar. Isso simplesmente me deixou lá, cortado como um animal em um açougue, mal conseguindo sobreviver. Eu podia ouvir uma voz, possivelmente algum tipo de transmissão de rádio, sussurrando para eu esperar, pois a ajuda estava a caminho. Eu podia ouvir a comoção, minha visão embaçando enquanto eu aguentava o máximo que pude, mas no segundo que vi um homem com um uniforme azul claro me encontrar, eu sabia que estava salvo. Eu não pude evitar o momento, fiquei feliz em ver alguém humano.

Retornando ao posto avançado da Federação, tive tempo para processar a provação. Minhas tarefas alternavam entre médico/cientista de campo e espionagem, graças ao meu treinamento em Taal Shiar. Também participei do programa Starseed, parte dos esforços dos enviados da Federação.

DATAS INDETERMINADAS

Localização: Postos Avançados da Federação Galáctica dos Mundos

Durante meu mandato na Federação, casei-me com uma mulher T'Ashkeru chamada Iveena, que veio de Nyan, um planeta próximo a Sirius B. Ela deixou sua casa para se juntar à Federação Galáctica dos Mundos (GFW) devido à crescente influência do Nebu. . Rapidamente nos unimos por causa de nossas origens comuns e descobrimos que nossas famílias provavelmente se conheciam por meio de atividades relacionadas ao trabalho.

Iveena era mais alta do que a maioria das mulheres do seu mundo, medindo quase um metro e oitenta de altura. Ela tinha longos cabelos loiros, maçãs do rosto proeminentes e queixo pontudo. Seus cabelos loiros e olhos azuis hipnóticos a faziam quase parecer uma mulher asiática alta. Certos aspectos a faziam parecer um personagem de mangá japonês.

Nós dois nos alistamos no programa de enviados, às vezes compartilhando missões e outras vezes alternando tarefas. Frequentemente verifiquei Iveena durante sua missão de enviada à Terra para garantir que ela estava bem e bem tratada. Lembro-me de procurá-la em momentos de angústia, honrando nossa promessa de sempre cuidar um do outro.

Um incidente significativo motivou minha vigilância. Durante uma expedição científica, a instalação onde Iveena e eu trabalhávamos foi emboscada por seres anfíbios, possivelmente experimentos híbridos de Ciakharr. Eu estava em outra parte da instalação quando ocorreu o ataque.Embora eu tenha conseguido chegar em segurança, Iveena ficou ferida e seu abdômen foi aberto. Milagrosamente, a criatura não fez mal ao nosso filho ainda não nascido. Estávamos tentando constituir família e estivemos perigosamente perto de perder nossa filha mais velha. Ao retornar à nave-mãe, soube do ferimento de Iveena. Uma colega me informou que eles haviam salvado ela e

o bebê, mas eu precisava chegar até ela imediatamente.

Ao ouvir a notícia, corri para o lado dela, quase
arrombando portas e quebrando painéis de acesso
na pressa. Iveena foi a razão pela qual me alistei; Eu
me apaixonei por ela, talvez por tê-la conhecido em
vidas anteriores. Estávamos tão perto de começar
uma família e a ideia de perder tudo era insu-
portável. Quando a encontrei, ela estava saindo de
uma cápsula médica que havia restaurado sua
condição física. Corri, abracei-a com força e pedi
desculpas por não estar ali. Embora ela retribuísse
o abraço, seu aperto era fraco – algo ainda estava errado.

Iveena perguntou sobre o bebê e eu garanti a ela
que nossa filha havia sido salva e transferida para
uma unidade de incubação para um desenvolvimento adequado. Embora a tecnologia médica
tenha curado suas feridas físicas sem deixar cica-
trizes, o impacto mental estava além da capacidade
de qualquer máquina. Iveena sentiu-se abandon-
ada durante os momentos de necessidade dela e do
bebê. Uma amiga próxima garantiu sua segurança
e nos apoiou, mas o único verdadeiro alívio para ela
foi o envio iminente de um enviado. Ela precisava

de um tempo longe da guerra e de nós para pensar. Apesar do desgosto, tive que deixá-la ir, deixando-me criar nossa filha com os sistemas de ensino da GFW até que Iveena retornasse e eu seguisse meu próprio destacamento.

As complexidades da viagem no tempo tornam o estabelecimento desta linha do tempo um desafio.

TEMPO ESTIMADO DA TERRA: EM ALGUM LUGAR DO FINAL DA DÉCADA DE 1980 AO INÍCIO DA DÉCADA DE 1990

Locais: Federação Galáctica – (Possivelmente) O Excelsior – O Último Resgate

Lembro-me de uma última missão de resgate antes do meu último envio de enviado. Nossa equipe rapidamente se reuniu em uma pequena nave que se escondeu enquanto descíamos de uma nave-mãe na órbita da Terra.

Voamos rapidamente em direção a uma área ao sul dos Grandes Lagos, provavelmente Indiana. Nosso navio pairava sobre uma casa branca de estilo colonial. Eu e outro agente do sexo masculino desembarcamos, camuflados e indetectáveis pelos sistemas de radar.

A casa tinha dois andares e o cenário sugeria que a missão ocorreu entre o final dos anos 80 e o início dos anos 90. Dois Greys altos surgiram, carregando uma criança pequena – uma menina de não mais de três anos, com cabelos castanhos e um vestido de pijama vermelho brilhante, possivelmente um presente de Natal. One Gray passou o dedo pelo corpo da garota, até mesmo por baixo das roupas. Eu estava pronto para intervir, mas a mão do meu colega em meu ombro me lembrou de manter a calma.

Nossa tecnologia de camuflagem respondeu às nossas intenções, e perder o controle poderia ter comprometido a missão. Embora estivéssemos bem treinados, nossos problemas individuais às vezes afetavam nossos estados emocionais. Era crucial verificar uns aos outros durante as operações para garantir o sucesso. Nada nos irritou mais do que ver uma criança inocente ser prejudicada.

Não poderíamos atacar os Greys nas ruas sem atrair muita atenção e violar a jurisdição. Nossa missão era rastrear seu navio, obter acesso aos seus registros e resgatar mais crianças.

Os Greys revelaram sua nave, permitindo-nos marcar sua assinatura e rastreá-la quando ela deixou a Terra. Fora da atmosfera do planeta, emboscamos a nave deles, quase matando os Greys no processo. Resgatamos a menina e recalibramos seu implante em nossos canais. Ela fazia parte do programa de enviados, alvo dos Greys para experimentação, com o objetivo de corromper sementes estelares por dentro – uma estratégia de cavalo de Tróia.

Levamos a criança para um passeio para acalmá-la antes de limpar sua memória e voltar para casa. Refletindo sobre a missão a bordo do Excelsior, fui abordado por -censurado- um homem alto e loiro com feições nórdicas, a quem considerei tanto um irmão de armas quanto um líder. Ahel Pleiadiano, um dos muitos grupos contra os quais o Taal Shiar quase carregava preconceito. Fora de serviço, ele era descontraído e atencioso, com talento para cantar. Ele frequentemente visitava uma jovem da Terra, uma enviada que se preparava para uma grande revelação. Ela era dele como sua irmã, -censurada-, e sua motivação.

-censurado- pediu meus pensamentos. Expressei preocupação pela jovem que resgatamos. -censurado- me garantiu, rindo, que eu a veria novamente. Ele colocou três dedos formando um triângulo contra minha testa, preparando-se para suprimir minhas memórias de envolvimento galáctico para a transição do enviado. Entendi o processo, mas insisti em lembrar da criança e de outras pessoas que havíamos salvado, pois foi esse o meu motivo para ingressar na Federação. -censurado- sorriu e disse: "Basta lembrar do alce", antes de piscar.

TEMPO ESTIMADO NA TERRA: EM ALGUM LUGAR ANTES DE 1996

Localização: Federação Galáctica - Programa Enviado Stasis Bay

Houve conversas, mais precisamente briefings, detalhando o futuro envio de um enviado. Minha esposa estava presente, tanto como apoio emocional quanto para ajudar em qualquer situação de última hora.e detalhes. Tivemos um período de transição para ajudá-la a se reajustar à vida intergaláctica e para eu resolver quaisquer pontas soltas. Durante a maior parte da sessão, senti-me apenas parcialmente ouvindo, preocupado com os pensamentos sobre minha esposa e com nossas discussões sobre começar uma família.

Outro indivíduo, semelhante a um recrutador militar, também estava presente. Ele tinha pele mais escura, cabelos quase pretos e usava uniforme cinza escuro. Ele parecia humano, com um rosto magro e um tanto alongado. Seu papel era resolver quaisquer preocupações que eu tivesse sobre a designação do enviado.

Os principais pontos discutidos incluem:

- O corpo que eu habitaria tinha uma forte predisposição para o que os humanos chamavam de "habilidades psíquicas", atribuídas a uma linhagem sanguínea predominante.

- Essas "habilidades" seriam inicialmente ativadas por trauma e depois ocorreriam em momentos aleatórios.

- Um dos objetivos da minha missão era compreender como as pessoas podiam cair tão facilmente sob um governo abusivo e tirânico.

- Outro objetivo era servir como um "guerreiro" na Terra, embora não estivesse alistado em nenhum órgão militar ou governamental em capacidade oficial.

- Dado o nosso desejo de constituir família, o momento das operações na Terra parecia favorável.

- Muitas civilizações humanóides encorajaram relações interplanetárias, uma prática comum destinada a promover a cooperação diplomática e ajudar as gerações futuras a prosperar no seu ambiente.

- O momento referia-se à entrada da Terra nas suas primeiras fases de se tornar uma sociedade interplanetária, passando das viagens espaciais reservadas às elites e aos que são apanhados em operações de tráfico.

- Os primeiros passos da grande introdução, quando os extraterrestres com aparência mais humana seriam autorizados a mostrar-se publicamente, estavam supostamente marcados para 2025.

- Meu novo corpo seria monitorado de perto pela GFW e provavelmente pelos Grays associados aos Ciakharr.

- Outros membros da família do lado paterno do meu corpo terrestre relataram possíveis abduções por Greys, provavelmente para hibridização.

- Pessoas do meu lado materno compartilharam detalhes de avistamentos de OVNIs, possivelmente ligados a bases militares próximas.

Uma vez assinados os contratos necessários, houve um breve período para me despedir. Minha esposa e o recrutador estavam presentes quando fui levado para uma cápsula de estase branca metálica. A cápsula tinha telas laterais, provavelmente para monitorar meus sinais vitais, e uma abertura de vidro. Enquanto meu corpo estava conectado à máquina e um aparelho respiratório preso ao meu rosto, lembro-me de cair lentamente na inconsciência enquanto um líquido azul frio enchia a cápsula. Vi as lágrimas de minha esposa e senti a dor em seu coração. Comecei a chorar também, mas minhas lágrimas rapidamente se fundiram com o gel que me rodeava. A última coisa que me lembro é de dizer "eu te amo", enquanto apoiava a mão no vidro. Minha esposa pressionou a mão contra o vidro, alinhando-a com a minha, enquanto eu desmaiava.

Início da vida como "Dakota"

DATA(S): 18 A 19 DE JANEIRO DE 1996

Localização: Terra - Twin Falls, Idaho - Centro Médico Regional Magic Valley

Pouco depois de perder a consciência, experimentei um flash rápido de várias imagens e eventos, como se estivesse recebendo um download de memórias de incontáveis vidas passadas em supervelocidade. Essas memórias não pareciam experiências pessoais, mas sim como se estivessem sendo recebidas. Alguns dos eventos pareciam vir do futuro.

As memórias mais recentes eram mais fáceis de identificar através de fotos antigas de família, incluindo datas em que meus pais e avós viveram e possíveis histórias de abuso discutidas em conversas sobre familiares distantes.

Memórias mais antigas são mais especulativas. Isso incluía um possível sacrifício de crianças, sendo preso por soldados alemães e uma potencial experimentação por Greys.

O "download" (por falta de palavra melhor) terminou com um flash de luz brilhante, provavelmente significando meu nascimento. Lembro-me de breves trechos da sala de parto com azulejos azuis claros e luz ofuscante. Nasci em 19 de janeiro de 1996, por volta das 17h30, horário das montanhas, via cesariana de emergência devido a hemorragia pós-parto. Fui o primeiro filho da minha mãe, nasci com 12 libras e 4 onças, já com a cabeça erguida. Tirando a pneumonia leve, eu era uma criança saudável, um pouco maior do que o esperado.

DATA: NOVEMBRO DE 1997 ESTIMADO

Localização: Terra - Estados Unidos - Idaho

Meu primeiro episódio "psíquico"

Esta é uma história da qual tenho apenas fragmentos, mas é uma que minhas tias (irmãs de meu pai) contavam com frequência. Meus pais nunca foram casados, então passei por um acordo de custódia compartilhada. Enquanto estava com meu pai e minha madrasta, aproximei-me de minha madrasta, coloquei a mão sobre sua barriga e disse: "Minha irmãzinha está aqui".

No dia seguinte, minha madrasta foi ao médico porque não estava se sentindo bem. Um teste de gravidez confirmou que ela era positiva. Minha irmã -censurada-nasceu em 20 de junho de 1998.

Para referência posterior, minha capacidade de fornecer um "ultrassom psíquico" tornou-se uma forma de "testar" minhas habilidades. Tenho sete irmãs (seis com o mesmo pai) e dois irmãos (ambos com o mesmo pai). Todos são meio-irmãos. eu também souó o mais velho. Incluindo os meio-irmãos dos meus meio-irmãos, meio-irmãos, etc., o número de nós salta para quase 50.

Vale ressaltar que entre meus irmãos sou o único com uma extensa história em torno do sobrenatural. Embora outros tenham tido experiências, a maioria envolvendo potenciais espíritos, nenhum me revelou se eles também tiveram potenciais encontros extraterrestres.

Local: Aurora, Colorado

Minha família decidiu fazer uma viagem ao Colorado para visitar meu tio e sua esposa. Enquanto crescia, meus tios (irmãos da minha mãe) eram muitas vezes como meus irmãos mais velhos, e este foi o divertido que me ensinou o que sei sobre computadores. Durante a nossa estadia, houve um único dia de estresse tenso... como se algo importante estivesse acontecendo. Lembrei-me de ter visto carros da polícia passando pelo complexo de apartamentos em que meu tio morava e, naturalmente, fiquei curioso para saber o que estava acontecendo. Foi então que comecei a me ver aparentemente voando pelo ar para seguir os carros e ouvindo barulhos altos vindos de dentro do grande prédio. Aproximei-me mais, mas algo me retirou de volta ao meu corpo.

Aos três anos tive minha primeira experiência de visão remota. Foi tão natural para mim que não precisei forçar. Mas o incidente que desencadeou esta sequência de acontecimentos foi algo que nenhuma criança deveria ter de testemunhar... o Massacre de Columbine. Eu não compreenderia que isso foi de fato o que testemunhei durante anos...

não há ninguém que eu possa realmente consultar sobre como processar um evento para o qual eu nem sequer estava tecnicamente presente.

DATA: ESTIMATIVA DE NOVEMBRO DE 1999 (POR REGISTROS JUDICIAIS)

Localização: Terra - Estados Unidos – Idaho

Aos três anos de idade, minha madrasta tentou resolver disputas de custódia entre minha mãe e meu pai esfaqueando-me na nuca com uma caneta esferográfica.

Meu pai era possessivo e ele, junto com outras pessoas desse lado da família, frequentemente denunciava minha mãe por suspeita de abuso. Todas as reivindicações eram infundadas. As tentativas da minha mãe de denunciar o meu pai foram largamente ignoradas, pelo menos segundo o que me foi dito, embora a fiabilidade desta fonte seja questionável. A custódia foi compartilhada.

Certa noite, enquanto estava na casa de meu pai, ele logo sairia do trabalho. Minha irmã mais nova, -censurada-, e eu estávamos na sala assistindo TV. Minha madrasta pegou -censurado-, provavelmente para prepará-la para dormir. Momentos depois, senti uma dor aguda na nuca.

Tive brevemente a visão de um vazio escuro, mal iluminado por uma fonte de luz laranja-avermelhada. Um ser alto e ameaçador, com pele áspera e cinzenta e olhos reptilianos apareceu. Na época, para a minha idade, eu parecia uma espécie de "homem dragão". Ele se ajoelhou e falou comigo sem mover os lábios. A cor de sua pele pode ter sido alterada devido às chamas. Sua voz era profunda e rouca, quase rosnando. Ele alegou que o mundo era corrupto e que pessoas como meu pai e minha madrasta não deveriam continuar a machucar os outros. Ele se ofereceu para me ajudar a revidar, até mesmo matá-los, se eu trabalhasse com ele.

A tentação foi forte, mas outra voz, mais humana e carinhosa, interveio em pânico. Sem hesitar, eu sabia que deveria confiar nele enquanto gritava: "Dakota, não dê ouvidos a ele. Lute de volta."

Soltei um grito de guerra, de alguma forma materializando uma clava em minhas mãos, e bati na cabeça do alto ser laranja. Surpreso e enfurecido, o ser estava prestes a retaliar quando fui transportado para longe num clarão ofuscante. Vislumbrei os braços de uma figura alta e cinzenta com asas feitas de energia em vez de carne e penas.

Voltei para o quarto trancado. A voz carinhosa sussurrou: "Fique forte, estamos sempre cuidando de você".

A próxima coisa que me lembro é que os policiais me escoltaram para fora. Tentei explicar que estava apenas me defendendo, mas eles não conseguiam acreditar que uma criança de três anos pudesse fazer uma coisa dessas. Eles ignoraram tudo que minha mãe e eu dissemos. Foi minha avó, mãe da minha mãe, quem apontou a marca de caneta na minha nuca.

DATAS: 2000 - 2003 ESTIMADO

Localização: Terra - Estados Unidos – Idaho
Houve várias noites em que eu "sonhava" em estar a bordo de uma espaçonave, vendo OVNIs no céu e conversando com pessoas estranhas em uniformes estranhos de várias cores. Muitos deles eram humanóides; embora houvesse outros que se assemelhavam a louva-a-deus, Egaroth e vários outros.

DATA: AGOSTO DE 2000 ESTIMADO

Locais: Terra - Estados Unidos – Idaho

Quando eu tinha cinco anos, minha mãe começou a apresentar sinais de gravidez. Ela logo se casou com meu padrasto -censurado-. Mais uma vez previ que essa criança era uma menina que se tornaria minha irmã mais nova -censurada-. -censurado- e minha mãe se divorciaria em 10 de setembro de 2001. O casamento durou apenas cerca de três meses.

DATA: 10 DE SETEMBRO DE 2001

O divórcio da minha mãe do padrasto. Estou observando isso como um "evento de referência" para ajudar a manter a precisão na linha do tempo. Sendo que eu era péssimo em manter registros e só reconheci esses eventos mais tarde na vida, A lacuna óbvia faz com que os detalhes sejam obscurecidos.

Mas um dia antes dos ataques de 11 de setembro ao World Trade Center, o divórcio da minha mãe e do meu padrasto foi finalizado. Estávamos morando com meus avós depois que ele nos expulsou, sem saber que minha mãe estava grávida de sua filha na época.

DATA: 12 DE MARÇO DE 2002

Irmã -censurada- nasceu

DATA(S): VERÃO ATÉ POSSIVELMENTE INÍCIO DO OUTONO DE 2002 ESTIMADO

Localização: Terra - Estados Unidos - Idaho - Jerome → Naves espaciais → Murtaugh

Uma noite, na casa da minha mãe em Jerome, Idaho, fui para a cama por volta das 18h ou 18h30. A data exata não é clara, mas o evento permanece inexplicavelmente estranho. Quando acordei, estava escuro e minha mãe já havia ido dormir. Seres altos e cinzentos, conhecidos como X5, me cercaram. Eu queria gritar por socorro, mas não consegui me mover quando um dos seres me jogou por cima do ombro. Quando fui levado para fora da sala, vi mais dois Greys monitorando minha mãe, que parecia sonâmbula. Tentei chamá-la, mas nenhum som escapou. Ela deve ter ouvido meus gritos iniciais porque a sala estava iluminada por uma sinistra luz azul, acompanhada por um zumbido eletrônico. Ela me viu sendo levada, mas, com um aceno de mão de um dos seres, voltou a dormir.

Lembro-me de levitar pelo telhado, ainda tentando gritar por socorro.

A nave em que fui levado parecia prateada, mas parecia se misturar ao céu noturno, provavelmente uma medida de camuflagem. Observei minha casa encolher enquanto subíamos. Uma força me deixou num estado de insensatez quando fui despido e colocado sobre uma mesa com vários instrumentos sendo preparados para uso. Desassociei-me, sabendo que estava em perigo, mas acreditando que ninguém poderia me salvar. Eu vi hologramas de outros Greys, de aparência mais sinistra. Mais tarde, descobri que eram Maytra, uma raça considerada parasita hostil pelo resto da galáxia. O Maytra parecia estar comunicando ordens ao X5, mas suas transmissões foram interrompidas quando algo bateu na nave. Quando os seres começaram a usar suas ferramentas, a nave foi emboscada por um grupo de três indivíduos em trajes de proteção.

O navio balançou e os cinzas gritaram em pânico. Em meio ao caos, fui rapidamente recuperado e levado para a nave de meu resgate. Uma mulher alta e loira ficou perto de mim durante toda a provação. Seu cabelo era loiro dourado, seus olhos de um azul brilhante e ela usava um uniforme verde-azulado justo. Ela me lembrou a personagem de anime Sailor Moon, embora eu só me familiarizasse com a série mais tarde.

Perguntei à mulher quem ela era e por que parecia familiar. Sua voz era suave e havia um brilho suave em seus olhos. Com um sorriso, ela me disse que éramos bons amigos há muito tempo. Ela parecia saber todas as perguntas que passavam pela minha mente sem que eu dissesse nada. Ela pegou minhas roupas e me levou até uma mesa, pedindo que eu me deitasse para ela verificar se eu estava ferido. Apesar de ser nosso primeiro encontro, eu confiava totalmente nela.

Os metais do navio tinham uma tonalidade azul, refletindo a visão do lado de fora da janela frontal. Uma cadeira metálica ergueu-se do chão e a mulher me incentivou a sentar nela. O metal se formou em meu corpo, fazendo cócegas. Sentei-me atrás de duas outras cadeiras, todas as três formando um triângulo, permitindo-me ver a Terra pela janela da frente. Instantaneamente hipnotizado, notei um homem alto e musculoso, com cabelos loiros e uniforme azul escuro, sentado em um dos assentos, parecendo estar no comando.

Perguntei ao homem e à mulher seus nomes. O homem riu e sorriu. A mulher, com os olhos brilhando, falou sem mover os lábios: "Eu sou Olivia".

Olivia explicou que nos conhecíamos há muito tempo e éramos membros de um grupo que protegia as pessoas de criaturas nocivas. A realidade da situação me atingiu: aqueles que me levaram eram alienígenas. Enquanto meu coração disparava, Olivia cantarolou uma melodia suave. O homem explicou que nenhum de nós era da Terra e que eu fazia parte de um projeto para salvar pessoas de monstros como aqueles que me levaram. Parte de mim ficou animada ao pensar em um grupo como os X-Men. Os dois pareceram entender a referência examinando minha mente.

Eles gentilmente me levaram para um passeio no espaço, mostrando-me close-ups da Lua, Marte e Júpiter. Depois de algumas horas, o homem disse que era hora de ir para casa. Eles explicaram que precisavam me fazer esquecer o encontro para me manter seguro. Fiquei chateado, não querendo esquecer meus salvadores ou o que vi. Olivia me garantiu que eles voltariam quando eu fosse mais velho e precisariam da minha ajuda. Ela falou baixinho: "Estamos sempre cuidando de você", antes de me dar um abraço e perguntar se eu tinha alguma outra dúvida.

Pedi para ser levado para a casa dos meus avós, sentindo-me mais seguro ali. Inicialmente, eles hesitaram, explicando que não era culpa da minha mãe. Mas eu era teimoso e Olivia convenceu a tripulação a me deixar na casa dos meus avós, garantindo que eu voltaria para casa.

Lembro-me de ser carregado por Olivia, passando pela janela fechada que dava para meu quarto. Enquanto ela me ajudava a ir para a cama, ela colocou três dedos na minha testa para me ajudar.g meu cérebro, para esconder os detalhes mais extravagantes das minhas aventuras daquela noite. Se ela me deu uma dose mais baixa intencionalmente, por acidente ou se algo em minha mente ajudou a acessar partes dessas memórias; Não tenho certeza. Mesmo com a confusão mental, eu conseguia me lembrar de ter sido levado, a tripulação que me salvou. A maior coisa que me lembrei foram os olhos de Olivia.

Na manhã seguinte, acordei sem saber como cheguei lá. Meus avós não tinham ideia de que eu estava lá. Minutos depois de acordar, minha mãe ligou gritando porque não conseguia me encontrar. Ela imediatamente suspeitou do meu pai, um cenário improvável, já que eu estava na casa dos pais dela, a cinquenta quilômetros de onde fui dormir.

DATA: 19 DE AGOSTO DE 2002

Relatório de Incidente NUFORC - Possível Conexão

Terra - Estados Unidos - Idaho - perto de Twin Falls

Avistamento de OVNI perto de Twin Falls - 2002

Data: agosto de 2002

Horário: Aproximadamente 23h.

Localização: Perto de Twin Falls, Idaho

Luzes no objeto: sim

Em agosto de 2002, meu marido e eu embarcamos na primeira etapa de nossa viagem de lua de mel, partindo de Seattle pela manhã. Por volta das 23h, decidimos encontrar um motel em Twin Falls, Idaho.

Ao nos aproximarmos de Twin Falls, vimos placas indicando que a cidade ficava a apenas alguns quilômetros de distância. Apesar disso, perdemos a saída e continuamos dirigindo por uma distância considerável antes de percebermos nosso erro. Nós nos viramos e voltamos.

À nossa frente, inicialmente pensamos ter visto um avião à distância, mas seu padrão de voo e velocidade pareciam incomuns. À medida que a luz se aproximava, pudemos ver a parte inferior do objeto e ambos imediatamente o reconhecemos como um OVNI. As luzes na parte inferior estavam girando.

O objeto nunca chegou perto o suficiente para discernirmos sua forma. Estacionamos na beira da estrada e observamos o objeto se mover pelo céu, eventualmente desaparecendo atrás de algumas montanhas. Em seguida, retomamos nossa viagem em direção a Twin Falls.

Ao chegar ao nosso destino, confirmamos que realmente havíamos perdido Twin Falls e dois sinais de saída. Não estávamos acompanhando o tempo de perto, por isso não podemos confirmar se houve algum tempo perdido. No entanto, permanece um mistério como duas pessoas atentas puderam ignorar dois sinais de saída.

NOTA: Este relatório correspondente foi retirado do site do NUFORC e não constitui de forma alguma uma reivindicação de propriedade. As únicas alterações feitas foram para fins ortográficos e gramaticais. Optei por incluir isso porque o momento e a localização me levam a acreditar que isso está relacionado a um provável sequestro que experimentei quando criança. Se por acaso o casal da reportagem vir isso, entre em contato se puder.

Crescendo e mirando

ABRIL DE 2004

Terra - Estados Unidos - Idaho - Murtaugh School → Boise

Visita escolar à capital do estado, Boise. Tive um incidente na Penitenciária de Old Idaho, onde vi uma aparição pendurada no corredor da morte. Ninguém acreditou em mim, principalmente por culpa minha, por passar a maior parte do tempo tentando assustar as meninas da minha turma.

Enquanto nosso grupo fazia um tour pela prisão, subimos ao segundo andar da câmara de execução, onde o laço estava exposto. Quando o grupo começou a sair, um homem amarrado nos pulsos e nas pernas caminhava em direção ao laço. Observei enquanto a corda estava presa em seu pescoço e o chão se abria embaixo dele. O problema era que a corda não estava presa corretamente, a fim de quebrar o pescoço do homem. Ele simplesmente ficou ali pendurado, sufocando.

Tentei falar sobre minha história, mas ninguém acreditou em mim pelos motivos mencionados anteriormente. No entanto, alguns anos depois, quando as Aventuras Fantasmas passaram pela cidade para sua primeira temporada, eles capturaram uma aparição sombria no Corredor da Morte, identificando o homem como Raymond Snowden. Snowden é frequentemente referido como "Jack, o Estripador de Idaho", condenado à prisão depois de esfaquear violentamente uma mulher que resistiu aos seus avanços. Ele alegou ter matado outras três mulheres, mas isso nunca foi provado. Snowden foi o homem que vi.

PRIMAVERA, 2004

Terra - Estados Unidos - Idaho - Murtaugh → Twin Falls

Tive que remover minhas amígdalas e adenóides aos nove anos de idade. Por alguma razão, as amostras de sangue desapareceriam ou "se acumulariam após a coleta", exigindo a realização de mais coletas de sangue. Quando eu teria que ser levado para uma instituição parental em Boise mais tarde na vida devido a incidentes médicos separados, os médicos de lá questionaram por que isso seria feito em primeiro lugar.

O hospital Twin Falls não tem a melhor reputação, a instalação encobriu uma série de ações judiciais. A maioria dos processos judiciais são tratados pelas instalações-mãe em Boise devido ao número de processos por negligência médica que continuam a acumular-se e a ser escondidos.

DIVERSAS OCASIÕES, 2005-2006:

Meu pai de repente tenta fazer contato, pois estava sendo enviado para o Iraque. Pouco depois dos ataques de 11 de Setembro, o meu pai alistou-se num ramo local da Guarda Nacional, num dos poucos momentos em que pude dizer que estava orgulhoso por ele ser meu pai, e durante algum tempo fui. Eu era ingênuo e queria um relacionamento com meu pai, apesar de tudo.incidentes anteriores. O único problema é que eu ainda estava nervoso perto da minha madrasta, apesar de todos presumirem que eu havia bloqueado completamente o incidente da faca. Como poderia, se até hoje minha mãe alheia continua a mencionar o assunto em conversas com estranhos e a redigir isso especificamente para me fazer parecer um monstro? Ah, bem, eu acho...

As conversas entre meu pai e eu aconteciam principalmente on-line, por meio de mensagens instantâneas matinais. Como -censurada- tinha idade suficiente para usar um computador, o mesmo se aplicava a ela. Ninguém nunca parou para perceber que eu estava fazendo tudo o que podia para evitar minha madrasta. Cerca de 6 meses depois de ele ter retornado do destacamento, minha irmã -censurada- nasceu... totalmente crescida.

As visitas ao meu pai tornaram-se mais frequentes, mas uma escuridão oculta parecia tentar chamar a minha atenção. Minhas habilidades começaram a aparecer, sabendo que minha vida estava potencialmente em perigo, deixando minha própria pele desconfortável perto de meu pai e de minha madrasta. Eu constantemente sentia que precisava estar em alerta máximo, caso precisasse fugir.

Eu deveria ter ficado longe, mas minha atenção continuou voltando para eles à medida que mais irmãos nasceram nos anos seguintes. Meus irmãos -censurados- nasceram depois que minha madrasta teve um suposto aborto espontâneo. Foi também mais ou menos nessa época que ela começou a tomar comprimidos, que mais tarde foram apontados como ácidos. Com o passar do tempo, percebi que o abuso parecia se concentrar em Addison, chegando ao ponto de meu pai arrastá-la para um quarto e ser seguido por uma série de gritos. Minha madrasta não fez nada para impedir. Foi depois disso que eu não quis mais nada com meu pai, a menos que testemunhas estivessem presentes. Lugar público, só as crianças, ou na casa do meu avô eram as condições que eu queria... claro que ninguém ouviu. Deve-se notar que minha madrasta costumava dizer aos meus irmãos mais novos para não contarem a ninguém o "segredo de família", sempre que fossem a uma grande reunião de pessoas. Não percebi na hora ou, se o fizesse, nunca obtive resposta e logo esqueceria o assunto.

DEZEMBRO DE 2005

Terra - Estados Unidos - Idaho - Murtaugh

Mais encontros sobrenaturais acontecem durante um terrível programa de Natal em que fui forçado (nunca participei muito das atividades escolares). A maioria aparecendo como objetos estranhos que aparecem nas fotos da minha avó. Na maioria das fotos paranormais, orbes se manifestaram, mas eram muito incomuns. Ao contrário da maioria dos orbes que eram reflexos de água e poeira no ar, estes tinham características que fariam os céticos mais radicais considerarem a possibilidade de acontecimentos fantasmagóricos. O primeiro era um orbe amarelo brilhante, com um rosto distorcido no meio e relâmpagos preenchendo o "corpo". O segundo era um orbe parcial verde com pés! A terceira era a sombra de um dos meus amigos voltado para a direção oposta do resto do grupo. Infelizmente, essas fotos se perderam no tempo, apesar dos meus esforços para tentar reconstituir o que aconteceu com elas.

VERÃO, 2006:

Terra – Estados Unidos – Idaho
Pai dispensado do serviço, possivelmente desonroso. O abuso em -censurado- piora. Dessa vez,

fiquei longe ao receber a indicação de que não surgiriam mais filhos através de minhas "fontes", embora revelações posteriores indicassem que minha madrasta teve mais abortos espontâneos. Deve-se notar que os sinais de atividades bastante obscuras envolvendo muitas festas sempre foram bastante claros, mas minha mentalidade um tanto ingênua na época não era capaz de processar tudo, mesmo a mente que carrego aos 22 anos (quantos anos eu tinha no momento desta adição inicial a esta lista) ainda luta para compreender o conhecimento em primeira mão de tudo isso.

23 DE NOVEMBRO DE 2006

Terra - Estados Unidos - Idaho - Murtaugh → Twin Falls → Boise

No Dia de Ação de Graças, minha vesícula biliar cedeu. Eu estava hospedado com meus avós enquanto minha mãe trabalhava. Embora normalmente um dia eu praticamente ficasse espreitando pela cozinha, dormia principalmente porque não estava me sentindo bem, mal conseguindo comer um pedaço de sorvete e um sanduíche de peru.

Naquela noite, senti uma dor aguda na lateral do corpo e fiquei violentamente doente por causa de qualquer coisa que minha avó tentasse me dar para ajudar. Fui levado às pressas para o hospital, onde foi considerado que estava com insuficiência renal. Os médicos do hospital disseram que meu caso era muito grave, mas as instalações dos pais em Boise estariam dispostas a me aceitar.

Durante a viagem ao hospital, eu entrava e saía da consciência. Lembro-me de ver flashes da descrição estereotipada de "Céu", com meus parentes falecidos observando com outras pessoas enquanto eu parecia entrar e sair. Eles ficaram confusos sobre o motivo de eu estar lá tão cedo, o que só os levou a fazer perguntas um tanto em pânico quando me viam entrando e saindo.

O hospital em Boise verificou que eu estava com insuficiência renal. Minha vesícula biliar havia desligado, infectando o resto do meu sistema. Eles conseguiram me estabilizar, mas disseram que eu provavelmente precisaria de uma cirurgia para remover minha vesícula biliar. Fiquei um mês no hospital para me recuperar.

Durante toda a provação, lembro-me de visitas que passaram por aqui, além de parentes. Alguns eram parentes falecidosque fizeram a travessia, outros eram pacientes no hospital que já estavam mortos ou perto disso, outros podem ter sido "família estelar", tentando oferecer palavras de encorajamento e ajudando a estabilizar meu sistema do lado deles. Aparentemente, a ruptura neste recipiente físico refletiu-se no meu outro corpo. Possível emaranhamento quântico. Meu alter ego/eu superior (como diabos as pessoas o chamam) parecia se debater de dentro do casulo enquanto alertas eram enviados sobre a perturbação.

19 DE JANEIRO DE 2007

Terra - Estados Unidos - Idaho - Twin Falls →
Boise

A cirurgia para remover minha vesícula biliar foi transferida para meu décimo primeiro aniversário. Eu estava na quinta série. Lembro-me de breves sonhos do que agora sei ser uma nave médica semelhante à Excelsior, uma nave-mãe alienígena ligada ao GFW. Eu parecia mais velho do que era, com 20 e poucos anos. E eu tinha cabelo. Antes da cirurgia, uma mulher apareceu e explicou que outras pessoas seriam postadas no hospital para ficar de olho no meu corpo terráqueo enquanto ele se recuperasse. Mais uma vez, as amostras de sangue desapareceriam misteriosamente.

Houve complicações durante a cirurgia, excesso de inchaço no abdômen que teve que ser cortado. Parecia que se a cirurgia não tivesse sido forçada a mudar as datas, eu poderia estar em sérios apuros.

Durante a recuperação, por mais algumas semanas, lembro-me de flashes do compartimento da cápsula de estase. Minha consciência parecia alternar diretamente entre os dois vasos graças ao estado em que me encontrava.

OUTONO, 2008:

Brigas na escola e em casa começam a levar minha mente para lugares sombrios, deixando o suicídio como uma opção. Nessa época, também fui morar com meus avós maternos, o que me deixou frequentando a escola com um grupo de pessoas bastante preconceituosas que eu considerava amigos. Meus avós moravam na pequena cidade de Murtaugh, e passei algum tempo do ensino fundamental crescendo lá. Minha mentalidade infantil e ingênua me fez acreditar que essas pessoas eram meus amigos. As pessoas pareciam amigáveis, mas no momento em que descobriram que um indivíduo não era membro da igreja local, esse indivíduo foi tratado como um pária. Praticamente qualquer pessoa que tenha saído da área poderia me apoiar nesta afirmação.

O conflito constante fez com que eu começasse a planejar como acabaria com minha própria vida. Numa noite quente de outono, decidi que era a hora. No meu quarto havia um grande armário com grades de metal que pareciam resistentes o suficiente para suportar meu peso. Eu tinha decidido que o melhor método para abordar isso seria enforcar-me na grade usando um cinto velho. O armário em si não era muito alto e sempre fui alto para a minha idade, tornando a tentativa um tanto desafiadora. Eu não queria que ninguém me impedisse e tentei mascarar qualquer barulho que fizesse para parecer que estava tendo uma noite difícil de sono.

Para enfrentar o desafio, coloquei uma cadeira em um local onde meus pés pudessem tocá-la apenas o suficiente para concentrar meu peso mais na cabeça enquanto eu balançava. O plano era chutar a cadeira para trás e interromper o fluxo sanguíneo.

O cinto iria apertar com mais força até eu ficar privado de oxigênio... talvez tenha sido isso que o desencadeou.

Sinceramente, não posso dizer se o meu plano funcionou ou se a "intervenção" planejou a sua chegada para me impedir; mas o seguinte me assustou mesmo assim. No que teriam sido meus momentos finais, algo fez meu corpo congelar. Uma luz azul brilhante surgiu do nada, anulando completamente meus sentidos. A energia disso era tão intensa que fez meu entorno desaparecer; dando a impressão de que estava flutuando. Reservei alguns momentos para olhar ao redor, pois meus olhos eram as únicas partes do meu corpo que podiam se mover e vi a luz dançar como se eu estivesse nas profundezas da água.

De repente, um homem apareceu diante de mim; sua imagem ficou borrada. Eu poderia dizer que ele tinha longos cabelos castanhos e pelos faciais, e usava o que parecia ser uma túnica branca. A vibração que recebia de sua presença era calma, amigável e preocupada com meu bem-estar. Meus sentidos externos tentaram me dar uma indicação de que alguém estava por perto, mas meu foco estava centrado no que estava se desenrolando diante de mim para realmente perceber. O homem se aproximou de mim, sua imagem parecendo mais clara conforme ele se aproximava. Logo ele começa a falar. Sem julgamento, sem crítica, apenas preocupação.

"Dakota, há alguém aqui que você deveria conhecer."

O homem deu um passo para o lado e revelou uma menina de cerca de cinco ou seis anos. Ela tinha longos cabelos loiros, pele um tanto bronzeada e os olhos azuis mais brilhantes que eu já vi. Imediatamente, percebi que a menina era minha parente, pois ela tinha uma notável semelhança com minhas irmãs. Lágrimas encheram seus olhos, fazendo-os brilhar como o oceano em um dia feliz de verão, enviando instantaneamente meu coração para um abismo profundo enquanto a sensação de culpa me dominava.

Mas não foi a aparência dela que me tirou daquele transe, mas sim o que ela me disse. Ela se aproximou de mim, colocou a mão na minha bochecha e gritou: "Papai, por favor, não faça isso".

Quando a menina se inclinou para me beijar na bochecha, a visão desapareceu e estou de volta ao armário como se nada tivesse acontecido. Tentei me livrar do que tinha visto indo paracama, mas a imagem encontraria formas de interferir em acontecimentos futuros. Sua interferência me levou a dar-lhe o nome de "Olivia Hope", depois que o nome me foi passado por meio de experimentos "futuros" destinados a me ajudar a tentar fazer contato com ela para entender o que havia testemunhado.

PRIMAVERA, 2009:

Depois de algumas conversas com um interesse amoroso e um encontro de "vindo a Jesus" com um dos meus tios, decidi voltar a morar com minha mãe, pois Murtaugh não era o lugar para mim. Ele continha respostas sobre o que eu precisava fazer para progredir. Meus pensamentos se concentravam em encontrar a mãe de Olivia, mas para isso eu precisava tentar obter respostas da minha filhinha. Eu conhecia a possibilidade de paradoxos temporais dessas tentativas, e quão provável era que minha filha soubesse que estava tudo bem; Eu tive que tentar. Pesquisas em vários fóruns online e podcasts de rádio revelaram vários métodos possíveis com os quais eu poderia tentar fazer contato;

já que minhas experiências anteriores provaram a possibilidade de poderes psíquicos latentes.

O método que pareceu mais fácil de trabalhar foi a escrita automática. Para os não iniciados, a escrita automática é uma forma de canalização espiritual que permite ao "espírito" assumir o controle das mãos pertencentes ao "canalizador" e permitir-lhes transmitir mensagens por escrito. Devo observar que tal processo pode ser facilmente sequestrado por seres negativos, fazer tais experimentos pode ser altamente perigoso, mas eu estava desesperado o suficiente por respostas.

Naturalmente, meu primeiro alvo foi minha filha, que aparentemente viajava no tempo. As experiências com contato pareciam ter sido bem-sucedidas, em sua maior parte. Em cada sessão, consegui estabelecer que era ela e fiz com que ela respondesse a algumas perguntas. A questão colocada para as sessões foi mais ou menos assim (pois foi recuperada de um caderno antigo que desenterrei):

Procuro fazer contato com a garotinha que me salvou...

É essa garotinha que se referiu a mim como "papai"?

Espírito: "Sim"

Você é realmente minha filha?

Espírito: "Sim"

Mais ou menos quando você estará aqui?

Espírito: "2025" (*viagem no tempo? Isso foi antes de os alienígenas serem contemplados... então, novamente, 2024 deveria ser sobre quando os ETs de aparência humana se revelariam. Diferentes sessões alternadas entre os anos de 2024 e 2025)

Qual o seu nome?

Espírito: "Olívia"

Qual é a sua cor favorita?

Espírito: "Verde"

Você tem irmãos?

Espírito: "Sim. Um irmão, Michael.

Tentei formatar as perguntas para ter uma ideia geral da personalidade da minha filha, bem como o que o futuro me reservava. Quando finalmente reunisse coragem para perguntar o nome da mãe de Olivia, uma de duas coisas aconteceria. Ou minha cabeça se encheria com o que parecia ser uma interferência de rádio e eu perderia a conexão com ela, ou Olivia diria que não era capaz de revelar isso no momento.

Mas, se não deixei claro antes, este não seria o nosso último encontro.

FINAL DO OUTONO, 2010:

Mais pesquisas sobre atividades paranormais levaram à minha decisão de prosseguir com investigações paranormais, mas como eu mal estava no ensino médio, não tinha nenhuma fonte de financiamento além de pagamentos ocasionais de babá, minha família me avisava sempre que eu ficava frustrado por ter que cuidar constantemente dos meus filhos mais novos. parentes.

A investigação paranormal era um hobby caro, especialmente na medida em que eu queria praticá-lo, então fui forçada a esperar pelos presentes de feriado e aniversário quando ser babá não era tão proveitosa. Comecei a entrar em contato, pelas redes sociais, com outras pessoas da área para começar a estudar e ter ideias de como montar minha própria equipe. Eu estava formando a Força Paranormal Raider, algo para se destacar dos chamados "investigadores sérios".

Outras notas vieram de assistir a vários programas paranormais na televisão. Minha ideia principal era assistir aos programas para ter ideias de tecnologia e métodos e depois mexer até ter uma prática adequada. Isso funcionaria rapidamente a meu favor, pois eu usava o fato de que a maioria presumia que minha idade era quase o dobro do que realmente era a meu favor. Um DJ de rádio local me revelou, mas a essa altura a maioria ficou impressionada o suficiente com o que eu havia construído sozinho, de modo que minha idade não era uma preocupação.

Isso foi reconfortante em muitos aspectos, pois uma das coisas que motivou minha decisão de seguir esta vida, e talvez construir um nome para mim em torno disso, foi o fato de que se tratava de quando meu pai foi preso por agredir sexualmente minha irmã - censurado. -. Como eu estava perto deles, fui mantido longe da investigação. No entanto, isso não resolveu sabendo que meus irmãos dele estavam sendo colocados em um orfanato. Minha irmã mais nova na época, -censurada-, que eu ainda não conhecia, tinha apenas seis meses de idade. Minha mentalidade estava suja o suficiente para que o Hatman, como é apelidado, apareceu se oferecendo para cuidar de meu pai para mim. Parte disso parecia que ele entendia a turbulência em mim, mas eu prontamente disse a ele para se foder. Este não seria o último dele.

Eu conheci meu altoquerido da escola.

Na primavera, na metade do meu primeiro ano, conheci uma linda garota na aula. A aula era Touchstones, e deveria "ajudar" as crianças a descobrir como avançar para os marcos importantes que deveríamos alcançar na adolescência e na vida adulta jovem. No início da aula, notei uma ruiva tímida que geralmente era reservada. O nome dela foi -censurado-. Eu tentei pensar em uma maneira de esbarrar convenientemente em -censurado- (dei a ela o nome de Shandra em minha série The Ones Who Walk All Worlds), então fui capaz de acender a chama, mas nunca consegui consertar uma até que o O professor daquela turma nos designou para o mesmo grupo para uma peça teatral. A peça deveria se assemelhar a cenários de um livro auto-descrito de "autoajuda para adolescentes", destinado a ensinar melhores maneiras de reagir a situações estressantes que qualquer pessoa comum poderia enfrentar no dia a dia. Meu grupo recebeu uma peça teatral destinada a retratar um idiota cortando alguém no trânsito, resultando em um acidente.

O grupo era composto por -censurado-, eu e alguns idiotas da sala de aula. -censurado- por ser tímido, ficou separado do grupo. Enquanto os idiotas discutiam a peça, fiz questão de me apresentar a ela para acender a chama. Ela tentou se afastar, mas consegui fazê-la se abrir. Leia as primeiras entradas de The Ones Who Walk All Worlds, se quiser ter uma ideia de como foi essa conversa.

Logo, ela se tornaria a primeira "paciente" que eu perderia. Entramos em uma briga quando um terceiro membro do nosso grupo se juntou, transformando a situação em um triângulo amoroso. Eu não lidei bem com a situação, ela estava se aproximando de alguém que estava se tornando abusivo fisicamente com as mulheres e só de pensar embrulhou meu estômago.

23 DE ABRIL DE 2011

Terra - Estados Unidos – Idaho - Murtaugh

Observação: A primeira investigação da Força Paranormal Raider ocorreu no prédio do Departamento de Estradas de Rodagem.

O plano inicial era investigar ruídos estranhos que sugerissem uma assombração residual. Dois rostos, uma senhora idosa gritando, passos e sensores de movimento em chamas, mais tarde descobrimos que esses espíritos estão muito dispostos a se dar a conhecer. Na época, um caso secundário procurava uma criança que havia sido vista em algum trilho de trem próximo empunhando uma motosserra que se acreditava aparecer, nas fotos, como uma esfera verde com pés. Não foi investido muito tempo neste fenômeno devido à aproximação dos coiotes e ao fato de bem próximo à área onde ocorreu o avistamento haver um bar.

Eu finalmente reuni equipamento decente suficiente para realizar uma investigação bem orquestrada. A oferta do meu avô para conhecer seu local de trabalho chegou em um momento conveniente, já que eu passaria o fim de semana na casa dos meus avós enquanto minha mãe se recuperava de uma cirurgia.

O local era o Departamento Rodoviário de Murtaugh, que se acredita ser assombrado por ex-funcionários e pelo antigo capataz do local. Os relatos chegavam em meio a uma fumaça estranha, as portas das lojas balançando sem vento ou caminhões passando, passos e vozes ocasionais desencarnadas. Um dos supostos espíritos era o antigo patrão do meu avô, que aparentemente tinha filhos que estudavam com os meus pais; a causa da morte dele foi câncer de pulmão... o mesmo para sua esposa. Ambos foram fumantes inveterados durante a vida.

Devido à minha idade na época, o estado de Idaho tem uma lei de toque de recolher para menores de 16 anos, eu estava acompanhado da minha avó. Eu tinha 15 anos quando comecei esta investigação. Originalmente, fui contra a ideia, notando a tendência da minha avó de tentar controlar a situação e o meu desejo de manter toda e qualquer atividade fora do controle da minha família (o que eles faziam em algumas ocasiões). Mas nesta situação ter a minha avó a bordo seria útil.

Publiquei os resultados da investigação, com breves relatos de casos, como um vídeo no YouTube para ajudar a promover os negócios. O caso conseguiu reunir rostos estranhos aparecendo em uma câmera de vídeo e estranhas gravações de áudio. Fora da câmera, havia vozes de uma mulher gritando durante a configuração, passos se movendo pelo cascalho e vozes vindo de uma sessão de rádio.

A sessão de rádio foi uma ideia para tentar replicar os resultados das infames Ghost Boxes sem qualquer ajuste. A ideia era simplesmente colocar um rádio disponível na frequência mais baixa possível para facilitar a comunicação dos espíritos. O problema era garantir que nada passasse na frequência selecionada. Este local foi o único local que pareceu funcionar.

Através disso e de um acompanhamento (mencionado abaixo), considerei "Murtaugh Highway Department" um site legítimo de assombração.

FÉRIAS DE PRIMAVERA, 2011:

Terra → Estados Unidos → Idaho → Twin Falls

Durante as férias de primavera do meu primeiro ano no ensino médio, me envolvi em um acidente de carro durante minha aula de direção. Eu era o motorista do veículo, mas não fui considerado culpado. A viagem estava programada para levar nós do meu grupo até o condado e pela rodovia. Quando voltamos para a cidade, uma senhora idosa tentoupercorrer seis faixas de tráfego intenso. Obviamente, como deve ser indicado pela inclusão deste evento, fui eu quem a golpeou. A velha senhora tentou alegar inocência e argumentar com o policial, mas foi ela quem foi considerada culpada no que o próprio policial descreveu como um jogo fracassado de "Frogger". Com o impacto, senti como se tivesse sido jogado em um projeto astral, vendo o carro bater na frente enquanto fiquei inconsciente.

2 A 4 DE JULHO DE 2011:

Terra → Estados Unidos → Idaho → Sawtooth National Forest → Near Diamondfield Jack

Minha primeira investigação do Sasquatch.

Enquanto meu avô continuava sua batalha contra o câncer, a família decidiu levar todos para acampar, em vez de fazer nossa viagem habitual até Wyoming para pegar fogos de artifício ilegais e depois acendê-los para o 4 de julho. Um dos locais que estava sendo considerado era interessante, pois foi a área onde avistei um possível Sasquatch anos antes. Há uma série de cavernas perto da estação de esqui Magic Mountain onde uma família de 'Squatch parece residir. Dado o período de tempo das aparições e a possível idade do jovem que consegui encontrar, pelo menos quatro espécimes estão em a região.

Recebi uma possível dica no início daquela semana sobre as preferências alimentares do Sasquatch para ajudar a atrair alguém de um vídeo de notícias que circulava retratando um analista forense aposentado utilizando pedaços de chocolate para atrair um espécime na frente de uma câmera de trilha. Uma pequena criatura parecida com um macaco se aproximou de mim por trás enquanto eu arrumava as coisas, mas rapidamente fugiu quando percebeu que eu sabia que ela estava ali. Seu pelo era quase preto, estava escuro e o monstrinho era rápido.

Eu não tinha uma câmera de trilha à minha disposição para esta caçada, mas tinha terreno macio o suficiente para conseguir um lançamento de pé caso tivesse sucesso. Na segunda noite de viagem, finalmente preparei a armadilha, mas adormeci antes que qualquer aparição aparecesse. Na manhã seguinte, consegui examinar a área e extrair com sucesso uma peça fundida no pé. Minhas estimativas mostram que o possível espécime tinha um pé grande o suficiente para caber no sapato masculino tamanho 22... meu próprio pé era tamanho 18. Infelizmente, anos depois, a peça fundida foi destruída durante a mudança para uma nova residência, mas tenho esta comparação de fotos para mostrar que Não falsifiquei o elenco porque era a pessoa com maior estatura e tamanho de pé. Comparações que fiz com fotos de um professor da Universidade de Idaho que caça o Pé Grande mostram uma semelhança impressionante.

Devo também observar que durante toda a estadia no acampamento, prevaleciam sinais de algum tipo de animal maior perseguindo a área, mas ninguém foi capaz de confirmar exatamente o quê.

Convenientemente, consegui assistir a uma entrevista de rádio para um programa intitulado "Second Sight", que tinha um ator convidado que era um renomado caçador de Pé Grande e foi capaz de reunir notas sobre o que procurar para possivelmente rastrear um Sasquatch, que combinou com o segmento de notícias que mencionei anteriormente nesta listagem, forneceu informações valiosas. Algumas semanas depois, consegui entrar em contato com o mesmo convidado do programa e contar minha história, conseguindo uma participação especial em seu próprio programa chamado "Monster Theatre".

Tornando-se o Homem

O meu avô tinha-me informado de um incidente no seu trabalho, que despertou interesse e um ligeiro acesso de raiva pelas condições presentes naquele momento. Meu avô, que estava quase magro devido a tratamentos de câncer, e meu tio possivelmente foram atacados por um espírito. O incidente que me foi relatado foi que, enquanto estavam sentados no escritório principal, uma prateleira foi arrancada da parede e jogada na direção deles. Com base no relatório, o ataque parecia ter como alvo meu tio; sabendo como ele poderia facilmente ter zombado da ideia dos espíritos em geral pensarem que ninguém iria ouvi-lo, devo reconhecer a possibilidade de que o ataque estivesse chegando. Mas isso não desculpava atacar um homem que estava morrendo!

Fiz a investigação, com o único propósito de irritar os espíritos do prédio e avisá-los que o ataque não seria tolerado. Eu havia pesquisado métodos para potencialmente expulsar espíritos do local e ameacei utilizá-los se tal incidente acontecesse novamente. Seja pela minha estatura, seja porque sabiam que eu falava sério, a atividade era quase inexistente.

Durante toda a noite, senti como se estivesse sendo observado, mas nunca consegui fazer com que os "observadores" estragassem tudo e se revelassem. À medida que a noite avançava, veio-me à mente uma nova ideia que pensei que poderia potencialmente ajudar a obter algum tipo de reação dos espíritos residentes. E se eles apenas quisessem ficar sozinhos?

Usando um sensor de movimento como objeto de gatilho, ofereci os seguintes termos... chega de ataques, chega de visitas minhas. Eles poderiam ficar, inferno, se quisessem pregar peças nos vivos, tudo bem, mas sem mais ataques. Se eu tivesse feito outras aparições, elas seriam consideradas como se eu simplesmente estivesse de passagem, já que meu avô ainda estava trabalhando lá e fazendo visitas.da minha parte era provável.

Até a data de 22 de agosto de 2017, nenhum outro relato de atividade paranormal neste local chegou aos meus arquivos. Isso faz com que o local seja classificado como não mais assombrado.

-censurado- Anúncio

Um programa a ser criado para estabelecer a primeira colônia humana em Marte até o ano 2035 e fui contatado para potencialmente participar do primeiro lançamento. Embora o programa seja uma perspectiva interessante e possa abrir caminho para uma face inteiramente nova da humanidade, dois problemas são enfrentados com a ideia de eu fazer parte do lançamento... 1. Tenho 12 centímetros de altura e 2. Eu era mais jovem do que os principais participantes desta empresa pensavam que eu era. No entanto, a oportunidade de fazer parte de um evento histórico como a colonização de outro planeta é uma oferta demasiado boa para ser desperdiçada, por isso decidi pelo menos colocar o meu nome no chapéu só para ver o que aconteceria. Uma parte de mim estava tentando aliviar mentalmente o estresse que estava enfrentando comparando o nome da empresa ao videogame DOOM, afirmando que uma empresa com um nome semelhante estava entre as primeiras expedições a iniciar uma invasão literal do Inferno.

A ironia por trás dessa afirmação...

31 DE OUTUBRO DE 2011:

Tive a oportunidade de fazer caminhadas com um dos meus tios e meus avós logo depois de Sun Valley, enquanto eles iam caçar. As únicas duas razões pelas quais me preocupei em ir, já que não gosto de caça tradicional, foi porque me disseram que havia minas abandonadas na área e gosto de observar a vida selvagem. Grandes quantidades de quartzo também estavam na área, um mineral que se acredita atuar como fonte de bateria para bebidas espirituosas.

Assim que nos deparamos com os poços da mina em questão, sentimos que alguém estava lá dentro olhando para nós e algumas fotos pareceram reforçar a ideia.

Levei para casa um grande pedaço de quartzo, consegui salvar as fotos e mostrá-las para algumas pessoas que participaram de programas de caça aos fantasmas... suas opiniões sugeriram que acharam que era uma boa captura.

Mas a maior lição que tive nisso? Não ultrapasse o ponto de exaustão física apenas para superar seu primo tagarela... seu corpo fará com que você se arrependa.

4 DE DEZEMBRO DE 2011:

Talvez o momento mais doloroso da minha vida nos meus primeiros anos de trabalho, o dia em que perdi o único membro da família que realmente apoiou mais meus esforços. Já deveria estar óbvio que meu avô era mais pai para mim do que meu próprio pai, e ele estendeu essa cortesia à minha irmã e primos do meu lado materno. Mas como eu era o mais velho do grupo, tive o relacionamento mais próximo com ele. Embora todos nós tenhamos sofrido uma perda no dia em que ele morreu, foi o que mais me atingiu; embora minha aparente falta de emoção tenha causado preocupação ao resto da família.

Meu avô era o tipo de cara que não queria causar muito barulho, e minha avó e eu éramos os únicos que nos lembrávamos disso. Enquanto todos continuavam a brigar e a insistir sobre como lidar com os assuntos familiares, éramos ela e eu que queríamos simplesmente superar tudo e seguir em frente. Minha própria mãe tentou me forçar a chorar, chegando ao ponto de dizer que eu não era humano, em diversas ocasiões o que continuou a aumentar a vontade de quebrar uma garrafa de vidro e enfiar os cacos profundamente em sua têmpora. Eu não confiava nela para demonstrar qualquer emoção porque isso se voltaria contra mim, ou seria usado para falar sobre mim como se eu não fosse nada mais do que um macaco estúpido quando estivesse na sala; inferno, eu ainda não confio nela nos meus 20 anos e nosso relacionamento melhorou.

Mas voltando ao meu avô, embora ainda sinta falta dele, tenho que admirar quanto tempo ele conseguiu resistir ao câncer, apesar de ele se espalhar continuamente por todo o seu corpo. Para a cerimônia, minha avó mandou cremá-lo e sua urna foi colocada sobre uma mesa de exibição entre dois grandes monitores (isso acontecendo em uma funerária) enquanto era exibido um vídeo mostrando uma série de fotos da vida de meu avô. Vê-lo quando criança, às fotos antigas dos meus avós juntos, às mais recentes minhas e dos meus primos... tudo isso me fez começar a refletir sobre o tipo de pessoa que eu queria ser nesta vida.

Sempre soube que queria ser igual ao meu avô, mas foi só depois da morte dele que comecei a entender o que tudo isso realmente significava. Esses pensamentos continuaram durante o jantar naquela noite, enquanto passamos a noite no Jackpot para jantar em um cassino onde minha avó trabalhava, e realmente esses pensamentos ainda permanecem comigo hoje.

O que me leva a este ponto que quero deixar para todos os leitores mais jovens que estão vendo isso, especialmente os jovens adultos na fase da vida em que acreditam que não precisarão dos pais quando completarem 18 anos.

Embora meu avô não fosse meu pai biológico, ele era mais uma figura parental do que minha própria mãe e meu pai e como tenho agora 28 anos no momento em que escrevo esta entrada, posso dizer com toda a honestidade que gostaria de ainda ter ele comigo hoje para resolver a vida. Quando eu sei que é hora de subir na vida, como causar uma boa impressão, tudo issoos momentos típicos de pai e filho, como ser um bom pai quando meus próprios filhos aparecem, saber quando ele soube que minha avó era a pessoa certa... Eu me pego perguntando essas coisas a ele apenas para encontrar um eco de sua voz que ainda reside dentro da minha cabeça.

Em algumas ocasiões, as vozes fornecem pistas, mas mesmo assim ainda me deparo com o silêncio e o aborrecimento de ter que juntar tudo isso sozinho. Inferno, às vezes eu gostaria de não ser tão pirralho quando ele tentou me ensinar sobre carros. Mas nem é preciso dizer que gostaria que ele ainda estivesse aqui porque passei a aceitar o fato de que há muito mais no mundo que preciso aprender. Portanto, se puder, não se precipite em expulsar seus pais ou qualquer pessoa que se apresente para preencher adequadamente esse papel em sua vida.

FINAL DE DEZEMBRO DE 2011:

Minhas emoções por ter acabado de perder meu avô foram testadas quando soube que alguém que considerava um amigo bateu em uma jovem de nossa classe. Pelo que me lembro, -censurado- atingiu esta jovem depois que ela o criticou por seu comportamento em relação às mulheres. Eu não ligo para idiotas que fazem isso com garotas, não importa a situação. Tentei evitá-lo, sabendo que faria algo descuidado por raiva, mas não consegui evitar que meu rosto revelasse minhas verdadeiras intenções. -censurado- tentou me confrontar, e foi aí que eu deixei que ele fizesse isso. Até prometi matá-lo se ele tentasse colocar as mãos em outra garota novamente. Minha mensagem chegou até ele, pois logo ele foi escoltado pelos professores pela escola e acabou se mudando para o Arizona com parentes. Ele estava fora de vista, isso era tudo que me importava.

Quanto a mim, fui colocado na chamada "Sala PASS (Alternativa Positiva à Suspensão Escolar)" para a única aula -censurada- e compartilhei, apenas para ajudar a aliviar as tensões. Porém, no dia seguinte, quando apareci na sala designada, o professor principal me informou que o aviso nunca foi enviado. Fiquei apenas para evitar mais problemas. -censurado- me viu quando eu saí, o que aparentemente a levou a perguntar sobre o que aconteceu e nossa briga final que levou à separação do "time" aconteceu.

Não é como se íamos durar de qualquer maneira.

Verdade seja dita, isso só me levou a mergulhar ainda mais no sobrenatural como forma de me manter sob controle. Um dos assuntos que eu começaria a pesquisar mais é demonologia, até mesmo estudando como invocar um demônio se algum dia eu acabasse em uma situação realmente desesperadora. Vasculhei a tradição e encontrei um que mais me chamou a atenção, um ser chamado Marchosias.

Alguns dizem que Marchosias pode aparecer como homem, alguns dizem que mulher, outros que viram a forma demoníaca viram um lobo com asas e uma cobra no lugar da cauda. O que mais me atraiu neste ser em particular foi que Marchosias, segundo a "tradição", não gostava necessariamente da ideia da queda dos anjos, na verdade esperando que as diferenças pudessem ser reparadas e ambos os lados pudessem retornar ao Céu. Sua escolha de cair foi porque sua família também caiu.

Quando conduzi o ritual, a convocação foi um pouco mais bem-sucedida do que eu esperava... o ser que se apresentou... bem, digamos apenas que a loba com uma cobra no lugar da cauda não era um exagero. Mas, além do inicial

7 DE JANEIRO DE 2012:

Rumores de um possível espírito assombrando os corredores de uma escola primária local persistiram enquanto minha mãe trabalhava no parquinho. Inicialmente, tentei agendar a investigação para perto do momento em que minha mãe começou a trabalhar lá, mas seu nervosismo em abordar o chefe muito rapidamente me levou a ter que esperar até essa data. A diretora era uma amiga da família e por acaso compareceu ao funeral do meu avô, então ver pessoas em quem ela confiaria nessas circunstâncias ajudou a abrir as portas. O único grande problema foi que -censurado- teve que aparecer devido à necessidade das chaves da minha mãe e à falta de babá reserva. No início fui contra a ideia, mas imaginei que pelo menos ter uma criança por perto poderia estimular alguma atividade.

O próprio edifício celebrou recentemente o seu aniversário de 100 anos, e fui informado pelo diretor que o interior em si foi renovado várias vezes nesse período. A investigação, no entanto, revelou-se bastante enfadonha, pois todas as alegações foram refutadas. A conversa no porão era o clique rápido de um aquecedor de água sendo torcido por uma mente meio cansada, vasos sanitários com descarga automática eram falta de pressão da água e relatos de crianças ouvindo crianças brincando eram devido a famílias próximas que levavam seus filhos para brincar no local em no meio da noite. Havia partes da escola às quais eu não tinha acesso para refutar qualquer afirmação, mas no geral o local não era mal-assombrado.

Os alunos da escola rapidamente espalharam rumores, mas espero que continuem assim. A pesquisa mostrou que pode ser possível que algo surja se as crianças acreditarem nos rumores, causando uma manifestação.

27 DE JANEIRO DE 2012:

Durante o funeral do meu avô consegui outro caso. O cliente era o melhor amigo da minha avó final do ensino médio que havia mencionado que sua casa era uma possível atividade paranormal, depois que minhas próprias aventuras foram levantadas em uma conversa. Parecia que o local estava infestado de pessoas sombrias, vozes no meio da noite e sentimentos fantasmas de serem tocados. Também fui informado de que várias mortes violentas estavam ligadas a esse local, incluindo uma mulher decapitada.

Pelo menos quatro mortes violentas ocorreram no local, a mulher decapitada encontrada em uma vala do lado de fora da casa. Meu interesse pelo local atingiu o pico, para dizer o mínimo.

A casa em si parecia um barraco enorme que poderia facilmente ter tombado com uma forte tempestade de vento, e era cercada por muitas terras agrícolas. Poços antigos estavam espalhados pelo local, uma longa vala se estendia por cerca de quatrocentos metros da residência... todo o lugar parecia o cenário para um show de terror acontecer. Rapidamente provou ser um dos casos mais assustadores que enfrentei.

A vala lá fora, exatamente onde o corpo foi encontrado, começou a brilhar sozinha. Isso foi o suficiente para assustar meu tio cético, que decidiu acompanhar este caso. As vozes continuavam tentando falar, mas quase inaudíveis o suficiente para serem ouvidas com o ouvido nu, pontos frios e sensações fantasmas de "toque" eram apenas o começo. A análise das evidências esclareceu algumas das comunicações com o outro lado, mas uma gravação do EVP logo levou o caso a novos patamares; pois era uma voz de mulher dizendo que ela estava dentro do poço.

Na propriedade, no porão logo abaixo de onde a gravação foi gravada, havia um poço lacrado. Tinha uma placa de metal com algum tipo de símbolo do sol, parcialmente coberta de cimento.

O que diabos estava lá dentro? Eu tenho pouca ideia. Mas a coisa está parada sobre aquela coisa... parecia que algo maligno estava tentando te arrastar para dentro.

As evidências coletadas neste local são talvez uma das mais estranhas até agora. Orbes refletindo em superfícies metálicas, as vozes, as luzes estranhas... o que diabos estava acontecendo?

Uma investigação mais aprofundada era obviamente necessária... se o cliente pudesse simplesmente ter ficado fora da prisão.

Uma última questão ainda permanece: no que diabos minha avó estava envolvida para atrair esse tipo de coisa?

Fui informado por um amigo em comum que -censurado- havia desaparecido, aparentemente deixando um bilhete no Dia das Mães, entre todos os dias, para dizer à mãe que ela tinha ido morar com sua "família de rua". Eventualmente, o oficial de recursos estudantis se aproximou de mim, sabendo que havia um ponto até recentemente que -censurado- e eu parecia bastante próximo e, embora ele soubesse que eu não tinha nada a ver com o desaparecimento dela, ele perguntou se por acaso eu tinha ouvido algo . Obviamente não, não falei com ela depois que a equipe se separou. mas enquanto ele e eu conversávamos, notei que outra amiga de -censurada- estava observando atentamente, uma expressão de pânico tomando conta dela. Eu soube imediatamente que ela sabia de algo e provavelmente seria o único link direto para -censurado- para descobrir aonde ela foi.

Utilizei essa conexão para alimentar lentamente informações para -censurada- a fim de fazê-la pensar que eu estava me aproximando de sua localização, para induzi-la a voltar ou revelar onde ela estava. Sendo novo no sobrenatural, usei meu conhecimento inicial do procedimento de investigação policial para apertar lentamente o laço nas semanas seguintes. Combinando métodos de adivinhação que minha bisavó recomendou, relatou avistamentos e dedução simples, consegui ter uma boa ideia de onde o -censurado- foi parar.

Ela havia saído do estado com um cara e ido para o sul, para Utah. Tentei o meu melhor para usar o que sabia sobre visão remota para ter uma ideia aproximada de onde ela poderia estar hospedada, com descrição do edifício e tudo. Quando eu me sentisse confiante em minhas descobertas, garantiria que o amigo ouvisse que eu estava me aproximando. Depois de duas semanas de pesquisa, 24 horas depois eu anunciei que a cidade -censurada- estava naquela -censurada- eventualmente ligue para a mãe dela para ir buscá-la.

Uma parte de mim queria ver se conseguiríamos reacender a velha chama, mas vendo como tudo se desenrolara, parecia que ela tinha algumas coisas para resolver antes de se comprometer com algo grande. Senti falta dela e a ideia de seu desaparecimento me preocupou muito. Foi estranho ver a foto dela em um pôster de desaparecimento pendurado na parede de uma loja de departamentos local. Mas pelo menos ela foi trazida para casa em segurança.

23 DE JUNHO DE 2012:

Encontrei um site que hospeda transmissões de áudio gratuitamente e comecei a pensar em lançar meu próprio programa de rádio para ajudar a manter as aparências e aumentar meu público. Por um tempo, usei o título "Diários de aventuras sobrenaturais", e a premissa básica era que discutiria ideias e teorias sobre vários fenômenos. O programa conseguiu se manter à tona e gravações antigas ainda circulam em minhas antigas páginas do Youtube de quase todos os episódios que gravei.

6 DE JULHO DE 2012:

Primeiro episódio de Journals of Supernatural Adventure vai ao ar. Obviamente, muitas pessoas não ouviram, dada a natureza do programa.novo status e falta de fundos para pagar o marketing.

Durante meus primeiros dois anos do ensino médio, frequentei a escola -censurada-. Honestamente, odiei meu tempo lá e durante os períodos de inscrição nas aulas quase todos os cursos que eu escolheria seriam removidos do currículo. Sinceramente, cansei-me de isto acontecer porque tinha uma ideia aproximada do que queria realizar na vida e o pouco que eles tinham para me oferecer nesse sentido continuava a ser puxado, então eu sabia se realmente teria a oportunidade de fazer o que Eu queria fazer na vida eu teria que sair. Foi provavelmente uma das melhores decisões da minha vida enganar minha mãe para que me inscrevesse -censurado- para terminar o ensino médio. Se eu não tivesse feito isso... muito do que se segue nas próximas entradas provavelmente não teria funcionado. Sim, era uma escola online, mas pelo menos eu teria aulas de matérias que realmente me interessassem.

10 DE OUTUBRO DE 2012:

Fase 1 do Documentário Sucateado sobre Sobrenatural. Dada a natureza extensa do que eu ainda tinha que aprender, pareceu-me melhor simplesmente deixar este projeto na prateleira até que mais recursos pudessem ser alocados para ele.

Transmissão de emergência JSA para caso censurado. Oração de proteção feita ao público por uma família em crise. Rapidamente foi provado que a fonte da atividade era uma sogra morta e irritada que não estava muito feliz com o marido infiel e abusivo. -censurado- logo pediu o divórcio depois que eu disse a ela o que procurar, baseando minhas advertências nas ações de meu próprio pai quando começamos a sair com minha madrasta enquanto ainda tecnicamente ainda estava com minha mãe. Basicamente, ele tentou descartar minha madrasta como babá para mim.

No entanto, por mais que quase tenha ultrapassado os limites profissionais... este caso foi uma vitória.

Acho que acidentalmente encontrei um skin-walker. Algo enorme estava fora, espreitando a área. Presumi que provavelmente eram apenas coiotes perseguindo alguns dos gatos vadios próximos, já que um deles que parecia gostar de passar pela minha casa havia desaparecido. Certa noite, saí de casa e vi algo que me convenceria do contrário. O "coiote" parecia estar com sarna. Parecia doente e estava me olhando como se eu fosse o jantar. Olhei mais de perto e ele começou a ficar em pé sobre as patas traseiras... aparentemente puxando algo e pressionando-o perto do focinho... essa coisa estava prestes a atacar. Felizmente, o barulho de um caça a jato passando por manobras militares no ar chamou sua atenção e ele saiu correndo. Isso foi muito estranho. Os caninos, geralmente se a parte frontal estiver gravemente danificada, podem andar sobre as patas traseiras, mas... isso parecia muito humano.

23 DE SETEMBRO DE 2013:

Investigação de bola de fogo de OVNI

A bola de luz verde vista no céu causa alguns danos materiais às casas na área onde a "luz" desapareceu. Nenhuma cobertura da mídia, apesar dos relatos de uma explosão e dos danos materiais acima mencionados. Rapidamente descartado como um meteoro, rico em ferro causando as chamas verdes. Embora provavelmente não tenha relação, eu pessoalmente vi possíveis Homens de Preto na mesma semana. Três deles, sentados em um SUV preto, pararam em uma rua próxima e apenas me encararam. Nenhuma sensação de perigo, mais um "você queria nos ver, e agora?" tipo de vibração. Eu estava investigando supostos avistamentos, por minha própria curiosidade, mas não era esperado que tivesse um encontro real.

OUTONO, 2014:

Toques finais em "Aqueles que Andam em Todos os Mundos", uma série de livros vagamente baseada em minhas façanhas paranormais e na compreensão do fenômeno na época. O livro em si passou por alguns relançamentos diferentes, sendo o mais recente uma coleção de todos os livros lançados na série como um título, "The Ones Who Walk All Worlds: Origins".

Concluí o ensino médio e entrei direto no mercado de trabalho, em vez de comparecer à minha formatura ou a qualquer viagem do último ano. Parecia estranho porque eu quase nunca via outras crianças da minha classe, exceto quando tínhamos que ir a uma sala de conferências de um hotel local para fazer nossos SATs. Minha mãe tentou entrar em contato com meu conselheiro presumindo que eu não queria fazê-lo devido ao seu horário de trabalho caótico, mas, honestamente, isso não poderia estar mais longe da verdade.

Oficialmente um adulto

MAIO - AGOSTO DE 2014:

Primeiro emprego fora da escola em um call center local. Era uma empresa de terceirização e, por causa do meu conhecimento em informática, fui designado para uma empresa de serviços de internet que nem oferecia serviço na minha área. O que foi ainda mais confuso foi que qualquer motivação para potencialmente subir na empresa foi rapidamente esgotada quando foi revelado que a posição que me foi dada era a mais alta. Mudar para supervisor, mesmo na mesma "área", exigiria um corte salarial.

Não é que eu quisesse subir, mas me fez questionar seriamente as motivações de quem tentou. Principalmente quando um cara que estava no meu grupo de treinamento começou a dormir com meu supervisor direto. Bem, de qualquer maneira, isso não importava a longo prazo. A principal razão pela qual me candidatei ao emprego foi porque sabia que iria reconhecer algumas pessoas que já trabalhavam lá; minha madrasta e minha primeira namorada do ensino médio. Minha madrasta parecia estar tentando colocar sua vida em ordem depois de lidar com meu pai. Quanto ao meu ex... já havia passado bastante tempo e agora éramos ambos adultos. Eu também sabia naquela época que ela havia sido diagnosticada com transtorno dissociativo de identidade, ou mais popularmente conhecido como transtorno de personalidade múltipla.

Quando comecei a trabalhar, rostos ainda mais familiares foram contratados ao mesmo tempo, o que ajudou a aliviar um pouco meus nervos. No entanto, a longo prazo, a minha ansiedade tomou conta de mim e comecei a desligar os clientes, o que me levou a ser despedido.

OUTUBRO DE 2014:

Sofri um acidente de carro enquanto me mudava para uma nova casa. Acontece que minha avó estava perto do local e assistiu enquanto os paramédicos me ajudavam a sair do carro. Algo fez com que o carro, um Chrysler 300 2002 que minha avó me vendeu, começasse a "contrariar" aleatoriamente enquanto acelerava, dando a impressão de que alguém estava pisando no freio rapidamente e repetidamente. Enquanto eu estava ajudando a mover alguns pequenos itens de última hora da antiga "casa" para a nova, esse "ressalto" começou enquanto eu tentava cruzar um cruzamento que me levou a ser atingido no lado do motorista por uma picape a 60 mph. Momentos antes do impacto, Olivia se manifestou, gritando "Papai, cuidado!"

Já era tarde demais. Decidi ir com os paramédicos apenas para ter certeza de que não havia grandes danos. Eu estava me sentindo mal por parte do chassi do carro ter batido em mim, se o outro motorista estivesse indo mais rápido, eu teria chegado perto de perder meu pé esquerdo por causa da distância que a roda estava dobrada para trás. Felizmente, neste estado e cheio de adrenalina, não senti nada e caminhei até a ambulância. Durante o trajeto até o hospital, expliquei aos médicos que fui com eles porque, após o impacto, desmaiei e comecei a ver meu falecido avô no fim de um túnel de luz azul. As tomografias computadorizadas no hospital determinaram que nenhum dano cerebral visível foi detectado, embora eu tenha tido tonturas por alguns meses depois.

Devido às ligações da minha mãe com as autoridades locais, o acidente teve de ser resolvido por uma jurisdição fronteiriça. A unidade de despacho onde minha mãe trabalhava na época administrava quatro condados com serviços de polícia, bombeiros e EMS; o acidente ocorreu bem na fronteira de sua jurisdição e outra (o mapeamento exato de quais distritos estavam ou não conectados a ela pode ser um pouco confuso). No entanto, devido ao tempo que minha mãe trabalhava nesse emprego, ela ainda conhecia alguns que trabalhavam em jurisdições fora da sua.

Foi por isso que descobri que o policial que atendeu meu caso escreveu a multa em uma multa, que não seria uma multa rápida de "conserto", como ele chamou, no valor mais baixo que ele poderia pagar. Os ingressos restantes foram fáceis de obter fora do meu registro, pois eram de falta padrão de licença e registro, devido ao fato de que ninguém conseguia identificar onde minha carteira caiu no carro depois que ela caiu do short solto que eu usava.

Eu havia discutido com minha mãe e minha avó sobre o fato de ter minhas informações sobre mim, raramente saindo de casa sem elas. A maneira como eles abordariam a questão, enfatizando que o fato de outras pessoas não conseguirem encontrar minha carteira deve, de alguma forma, significar magicamente que eu estava alucinando por ter minha própria carteira comigo no momento do impacto. Não seria até que eu tivesse a oportunidade de ver o carro, alguns dias depois, no ferro-velho para poder recuperar qualquer coisa aproveitável nele. Mesmo quando comecei a olhar, minha mãe tentou insinuar que eu estava tentando fazer uma cena maior do que estava para escapar de ter que pagar ingressos, só ficando em silêncio quando segurei minha carteira na frente dela, pois até eu estava começando a duvidar de mim mesmo.

Felizmente, recebi o pagamento de uma comissão do meu trabalho anterior e isso me ajudou a pagar o boleto restante. Consegui resolver aqueles sobre não ter licença ou seguro, pois eram os já mencionados tickets de "conserto".

Minha mãe me perguntou sobre uma garota com quem eu estudava, depois que ela voltava do trabalho. Seu trabalho como censurada foi imediatamente um mau sinal. Uma amiga minha e a mãe dela foram mortas a tiros pelo padrasto. Não divulgado para a mídia, o padrasto mais tarde mandou uma mensagem para sua tia para confessar seus crimes antes de apontar a arma para si mesmo. Essas informações e muito mais foram vazadas para mim, justificando que depois que um GoFundMe foi postado pela família, a família permitiu mais liberdade para discutir o caso. E, francamente, este bateu forte, sabendo o que eu sei. Não tenho liberdade para discutir todos os detalhes, mas muitas pessoas envolvidas lamentam não ter feito mais.

Eu estava desempregado, não tinha dinheiro comigo, mas tinha poucos seguidores graças à minha reputação de "caçador de fantasmas adolescente local".

Enquanto eu fazia o que podia para ajudar a arrecadar dinheiro, meu amigo me fez uma visita etéreaugh dreamstate para me agradecer, revelando também tudo o que aconteceu com ela. Eu tinha ouvido através de minhas fontes que o motivo pelo qual o padrasto fez o que fez foi porque a mãe do meu amigo descobriu que ele a estava abusando sexualmente e pediu o divórcio para afastar os filhos dele. Ela também admitiu ter uma queda por mim na escola antes de desaparecer. Se isso foi ou não apenas um sonho, a maneira que minha mente encontrou para encerrar sabendo que seria impossível para mim ter feito mais alguma coisa para ajudá-la... Sinceramente, não posso dizer.

Tentei fazer uma sessão EVP depois, apenas uma vez, para ver se conseguia confirmar que a visão dela era apenas um sonho. O áudio estava fraco e exigiu muito trabalho pós-gravação, mas parecia que uma voz estava presente confirmando minhas suspeitas. Exatamente, quem foi?

22 A 30 DE MARÇO DE 2015:

Perto do final do ensino médio, fui indicado para fazer uma grande viagem à China. Teria sido um ano depois de eu já ter me formado, mas esta foi uma oportunidade de cumprir um item da lista de desejos. A viagem foi incrível, as pessoas foram amigáveis, fui tratado como o Buda Risonho. Tenho vaga certeza de que tive algumas visitas enquanto isso acontecia, a mais comum foi quando meu grupo sucumbiu a uma provável intoxicação alimentar e acabou sendo hospitalizado enquanto estava em Xi'An, na metade da viagem. A única comida e bebida em nossos sistemas era o café da manhã do hotel naquela manhã. O fato de mal estarmos voando para Xi'An quando começamos a adoecer gravemente não ajudou em nada.

As condições no hospital eram horríveis; falta de pessoal e impuro. Entrar ali parecia que estava sendo levado a um açougue. Eu ficava inconsciente e inconsciente por falta de fluidos em meu sistema, gritando em mandarim quando o acesso intravenoso caía. Parecia que alguém na minha cabeça estava tentando traduzir, mas poderia ser apenas minha cabeça distorcida. Lembro-me de um "deslocamento" no espaço e de simplesmente "flutuar" através dele até uma cabine de comando de aparência futurística. Lembro-me de um homem alto e loiro parado ao lado de uma mulher que operava uma série de painéis holográficos. Houve uma breve menção à palavra "tríade".

Eu estava dentro e fora da consciência. Foi coletado sangue para examinar a exposição ao parasita, mas todos os testes supostamente feitos foram inconclusivos. No entanto, um sujeito do sexo masculino foi confrontado por nos gravar diante das câmeras. O que quer que tenha acontecido com isso eu não sei.

A minha avó paterna, que teve experiências de rapto com Gray e alegadamente crianças hibridizadas e afirma que pode ver "anjos", referiu-se a este incidente como um ataque da máfia chinesa (como ela disse). Lembro-me de breves visões do que parecia ser o convés de uma nave estelar, mas não muito mais do que isso.

PRIMAVERA 2014 - INVERNO 2015:

Realmente me dói ter tido tanta dificuldade em documentar adequadamente esse período... por mais que isso tenha mudado minha perspectiva de vida. Enquanto escrevo isto, para finalmente reconhecer a verdade, percebi, com a ajuda do meu terapeuta, que minha própria percepção da linha do tempo foi alterada devido ao trauma. Os pesadelos acabaram de se juntar ao que eu já lutei para suprimir, eu gostaria de ter feito mais por ela.

Pouco antes de partir para a China, juntei-me a um fórum de mensagens anônimas destinado a grupos de apoio ao PTSD. Por lá conheci uma mulher, ela inicialmente me mandou uma mensagem perguntando sobre algo que postei... querendo saber mais sobre os sentimentos que expressei... querendo consertar o mundo. Com o passar do tempo, nos tornamos próximos e começamos oficialmente a namorar. O principal problema era a distância do país e o fato de ela literalmente ter descoberto que estava grávida. A distância não foi um grande problema para mim, a viagem à China me deu o vírus das viagens e eu estava ansioso para procurar qualquer desculpa para pegar a estrada novamente. A gravidez deveria ter sido um sinal de alerta, não havia como eu estar pronto para ser padrasto... e seria óbvio que estaria entrando em uma situação bastante complicada.

Depois de alguns meses de relacionamento, ela decidiu pegar um voo através do país para vir me ver. Fiquei absolutamente extasiado em vê-la pessoalmente, mas não contei a muitas pessoas devido à... bagagem. Ela queria que eu mantivesse isso em segredo enquanto ela tentava escapar de seu ex abusivo para proteger seu bebê. Para nossa surpresa, a bebê parecia bastante animada em me conhecer, pois parecia mais ativa quando sua mãe e eu conversávamos.

Durante a visita dela, fiz algo um pouco extremo para mostrar a ela que estava falando sério sobre estar ao seu lado. Depois de tudo que ela compartilhou comigo, é compreensível como ela estaria ansiosa para tentar um acordo com um cara. Seu ex fez um número com ela, e ela estava se comprometendo com um dos atos mais corajosos que já vi alguém em seu lugar fazer... fugir como o inferno de um idiota abusivo de um ex para salvar seu filho.

Isso não acontece o suficiente.

Eu propus. Sem anel, sem flores, sem terno chique ou jantar... apenas minha inteligência para tecer uma promessa que eu esperava que fosse suficiente para convencerdela. Pedi a ela em casamento apenas com as palavras que consegui reunir no momento e ela disse que sim. Na verdade, eu me senti animado, beijando-a pela primeira vez enquanto a segurava no ar. Ela estava me apertando com mais força do que nunca durante toda a sua estadia. Estávamos decididos a nos tornar algo mais? Talvez, se a vida dela fosse tirada dela pelo ex. Pelo que entendi, ela resistiu, mas não foi o suficiente. Ela e o bebê morreram. Mais tarde, o ex foi baleado pela polícia, provavelmente fora de si.

A próxima viagem a Paris deveria ser para nós dois.

Durante uma viagem por Paris e Roma, ocorreram alguns incidentes interessantes. Lembro-me de flashes de estar em uma nave espacial, mas aconteceu algo totalmente diferente que é digno de nota. Bem... aconteceram duas coisas que tornaram Paris agradável, mas um cavalheiro não beija e conta. Foi muito bom me conectar com alguém depois de perder meu noivo, mesmo que pequenas quantidades de álcool possam ter estado envolvidas no jantar que tivemos juntos. Suponho que deveria me considerar sortudo por ela ainda parecer tão atraente quanto me lembrava da noite anterior.

Algumas noites em Paris, não fiquei impressionado com a área e percebi por que a "Síndrome de Paris" existe. Meu grupo convenceu nosso guia turístico a nos deixar em um cruzeiro fluvial que nos levaria até a Torre Eiffel. A noite estava um pouco fria e durante o cruzeiro começou a chover, então a maioria se escondeu no convés inferior do barco, deixando a parte superior só para mim. Ao nos aproximarmos da Torre Eiffel, senti um tapinha no ombro, como se estivesse atrapalhando a foto de alguém. Afastei-me, olhando rapidamente por cima do ombro para me desculpar, e tive que dar uma segunda olhada ao ver um rosto familiar. Meu falecido avô, ao lado de minha filha Olivia. Você pode imaginar minha surpresa: já se passaram pouco mais de três meses desde que ele faleceu. Ele parecia semelhante ao seu eu mais jovem que vi em fotos antigas, mas também havia diferenças que pareciam fora do lugar. Significando que havia recursos que pareciam um pouco excessivos para distorções em uma foto analógica antiga... Mas a grande questão era... o que diabos ele estava fazendo com minha filha?

Obviamente, as milhões de perguntas que passavam pela minha cabeça estavam longe de ser suficientes para tirar o prazer de vê-las. Perguntei-lhes o que estavam fazendo lá, ao que meu avô respondeu que eu estava no caminho para onde precisava estar e que a orientação deles não era mais necessária. Eles podem aparecer de vez em quando apenas para fazer o check-in, o que ambos fizeram, mas chegou a hora de eu tomar as rédeas da minha vida. Meu avô murmurou algo pouco antes de partir.

Ele disse que estava orgulhoso de mim.

Quando em Roma, senti muito mais entusiasmo. A história antiga, as vistas, a comida... foi uma experiência muito mais divertida no geral. Optei por um evento opcional "Jantar com Tenores" e, cara, não decepcionou. Na minha primeira vez realmente bebendo álcool, imaginei que se houvesse um bom momento para satisfazer minhas curiosidades, seria durante as férias e não dirigiria em nenhum momento.

Durante o jantar, deixei escapar para alguns dos outros que foram comigo. Cantei um pouco e pude tocar um pouco de piano de ouvido. Ao ouvir isso, e saber que os artistas poderiam convidar pessoas para subir ao palco, houve uma forte pressão para tentar me fazer levantar para cantar junto. Eventualmente, depois que um bolo de aniversário foi trazido para um convidado em outra mesa e o champanhe libertou meu cantor de ópera interior... Fui convidado ao palco para ajudar a fechar o show.

Até a viagem à Cidade do Vaticano foi repleta desta energia. Se as paredes pudessem falar... seria surpreendente ouvir o que essas paredes teriam a dizer. Muita controvérsia cerca o Vaticano, especialmente nos círculos da conspiração e do ocultismo. Mas quase parecia que em algum lugar... havia algo ligado a mim permanecendo no éter.

Mas.. o quê?

JUNHO 2016:

Tive um ataque de pânico com as notícias que recebi. A mulher com quem tive uma noite em Paris me procurou através do meu site. Ela percebeu que seu corpo parecia estranho e fez um teste de gravidez que deu positivo. Muito ansiosa com a minha reação, ela me procurou querendo agendar uma videochamada para conversar sobre as coisas individualmente, pois ela sentia que com seu estilo de vida ela não tinha muitas pessoas ao seu lado que pudessem apoiá-la. Eu estava hesitante até mesmo em contar a alguém, já suspeitando das respostas sarcásticas sobre "não usar proteção", "ela está apenas enganando você", etc... etc...

O que me atraiu nela foi o fato de que ambos estávamos tentando ser empreendedores. E apesar do que os influenciadores das redes sociais dizem ser, esse tipo de estilo de vida é solitário. Poucas pessoas querem se associar a você, especialmente se você realmente começar a ganhar força. É um trabalho árduo, mentalmente desgastante, e os comentários de um público sem noção podem levar alguém ao limite se uma fortaleza mental não for desenvolvidaEd.

Ninguém quer admitir quantas pessoas que seguem esse caminho tentam tirar a própria vida.

Eu queria esperar que mais fatos fossem revelados antes de dizer qualquer coisa à minha família, mas isso era grande demais! Foi isso? A filha que eu procurava era o subproduto de algum caso de amor exótico? Como eu apoiaria ela e a criança? Um de nós teria que mudar de país? Parte de mim gostaria de ter ficado em silêncio, mas tive que tirar isso do meu sistema porque simplesmente não conseguia me concentrar.

Alguns dias se passaram e -censurado- entrou em contato comigo mais uma vez com atualizações do médico... foi um falso positivo. Ela teve o aparecimento de câncer de ovário desencadeando o falso positivo no teste de gravidez. Felizmente, suas opções de tratamento estavam abertas e ela conseguiu vencer, conhecendo alguém novo ao longo do caminho.

13 DE MARÇO - 14 DE MARÇO DE 2017:

Os preparativos de última hora para o empreendimento na Tailândia começaram com uma ligeira interferência devido ao meu cartão de débito ter sido comprometido por algum idiota na Flórida que o usou para pagar multas judiciais. Muito irônico... Recebi e-mails informando que meu cartão havia sido recusado e fiz o que deveria para interromper o uso. Foram feitas três tentativas no dia 13 e uma quarta tentativa no dia 14. Apenas uma cobrança foi refletida em minha conta. Como meu extrato bancário refletia um serviço de pagamento judicial executado na Flórida, consegui encontrar rapidamente algumas informações de contato da empresa na esperança de que isso ajudasse a impulsionar as coisas. Também fiz uma anotação com meu banco para que eles soubessem que um contato adicional pode ser difícil, pois não estarei no país e apenas verificar meus e-mails pode ser um problema enquanto aguardamos os sinais de Wi-Fi do hotel.

16 DE MARÇO DE 2017:

-censurado- foi convidado para a festa de aniversário -censurado- no dia 11, e minha mãe finalmente menciona o que -censurado- tinha a dizer sobre o que aconteceu durante o congelamento que eu impus à minha família paterna. Ela menciona que sua asma é desencadeada toda vez que ela tem contato com a mãe, minha madrasta, por causa dos remédios. Este será o meu bilhete para finalmente trazer a punição. Precisarei testar o alto contato de meus irmãos... Abri comunicações de backup para conseguir restabelecer a missão, pois causei confusão suficiente para mascarar minhas verdadeiras intenções. Se isso der certo, posso perder minha família, mas será o melhor. Não posso continuar fazendo essa dança.

-censurado- veio mais uma vez tentar instigar uma altercação, tudo porque fui eu quem prendeu o irmão dele. Isso provavelmente fará com que ele seja banido da loja. Notifiquei a gerência para ficar de olho nele. Se eles escolhem ouvir ou não, é uma loucura. Não estou realmente preocupado com ele, porque minha aventura na Tailândia está muito próxima!

Finalmente a viagem à Tailândia está entre mim. Eu tinha um longo dia de viagem pela frente, desde sair da cidade mais cedo para evitar o trânsito e uma possível ligação de qualquer um dos meus trabalhos até os vôos e longas escalas. Esta viagem me levará por São Francisco e Hong Kong antes de finalmente chegar a Bangkok. Como nosso grupo estava espalhado por todo o estado de Idaho, todos nós tínhamos locais de encontro diferentes. Fomos divididos em dois grupos, um que se reuniu em Spokane e o outro em Boise. Eu estava no grupo de Boise. Ao todo éramos 24 no total.

Eu utilizei meus recursos para pelo menos ter uma ideia de quem eu precisava procurar enquanto estávamos todos nos reunindo para nosso eventual encontro em São Francisco. Eu só conhecia 4 pessoas de minhas turnês anteriores, o que facilita a viagem, mas geralmente para alguém na minha posição eu gostaria de ter uma ideia de com quem estarei nessas excursões. Utilizando endereços de e-mail anexados às mensagens do líder do grupo, consegui rastrear apenas um rosto, censurado. Só quando todos finalmente chegaram ao aeroporto de Boise, como era esperado, pude começar a ler todo mundo.

A dinâmica do grupo parece ser boa. Várias crianças não viajaram sozinhas; se o fizeram, não demoraram muito para encontrar alguém com quem se relacionar. É uma boa medida. Até agora identifiquei apenas 4 possíveis crianças problemáticas caso ocorresse um incidente; todos parecem sofrer de complicações mentais que até colocam estresse nos pais. Um mostra nervosismo quando fica muito tempo em um local e reclama de pessoas tirando fotos dele sem consentimento (o que só é irritante, já que shows como esse exigem ambos), e os outros apenas mostram possíveis sinais de autismo. Tento não julgar, e criar perfis é apenas um hábito que nunca desaparece depois que você percorre um caminho semelhante ao meu.

Ao chegarmos em São Francisco localizamos o líder do nosso grupo, que tentou nos encontrar em um ponto de encontro. Aqueles que estavam com ele no grupo de Spokane já estavam esperando no nosso próximo portão. Conseguimos chegar até aqui sem incidentes, exceto por uma jovem, -censurada-, que confundiu um estranho aleatório com o líder do nosso grupo por trás e começou a se esgueirar por trás dele. Vou garantir que o homem sofreu uma grevesemelhança, mas o fato de ela abordar o assunto dessa maneira poderia facilmente ter instigado uma situação hostil. Com ameaças de possíveis ataques do ISIS e a metodologia que mostra que qualquer pessoa com problemas de autoridade tem probabilidade de ser "recrutada", devo permanecer alerta.

Depois que todos estavam acomodados, jogamos cartas e carregamos nossos aparelhos eletrônicos para passar o tempo. De São Francisco a Hong Kong foi um vôo de mais de 12 horas (juntamente com a escala de 6 horas). Eu estava abarrotado e mal conseguia dormir. Consegui tirar cerca de 2, talvez 3 horas, bem como alguns cochilos de 10 minutos entre eles. De Hong Kong a Bangkok foi mais fácil de administrar, pois demorou apenas cerca de 3 horas.

Em Bangkok cruzamos com um grupo de Nova Jersey que estava, acredito, voltando para casa depois de mais uma estadia. Meu grupo baseado em Idaho parecia ter sido colocado no mesmo andar, portanto, no caso de um incidente, posso entrar em contato com a maioria deles em tempo hábil. Todos eles não parecem possuir muita habilidade de autodefesa, alguns só o fazem quando provocados. Talvez eu tenha que utilizá-los.

Assim que nos instalamos em nosso quarto de hotel, deveríamos nos encontrar para visitar uma área comercial próxima para comprar comida, já que as refeições não estavam cobertas em nossa primeira noite na cidade. Infelizmente para mim, dormi demais com o alarme. Em minha defesa, mal consegui dormir no caminho até aqui e, no segundo em que tomei banho e consegui relaxar, minha privação de sono assumiu o controle.

Infelizmente para mim, fiquei muito confortável a ponto de meus pesadelos começarem a aparecer. Desta vez foi um acidente de avião em solo americano, e manteve o tema de não ser rápido o suficiente para salvar um inocente. Acordei enquanto os corpos estavam queimando.

Parece que um membro do meu grupo de viagem já contraiu uma doença. Uma das meninas parecia ter contraído uma cepa do vírus da gripe antes de chegar aqui e decidiu agir ontem à noite enquanto visitavam o shopping. Nós a deixamos descansar no hotel e sua condição parece estar melhorando, mas como esperado ela está nervosa com nossas escolhas de comida mais exótica. Só de ouvir que alguém sucumbiu à doença, embora tenha ficado óbvio que o modo de infecção era diferente, meus nervos também ficaram à flor da pele.

Apesar de tudo, não posso deixar que isso estrague uma boa viagem. Hoje cedo fizemos uma visita ao Grande Palácio e ao Templo do Buda Esmeralda. A paisagem da região é absolutamente deslumbrante, embora o clima que a acompanha tenha conseguido queimar áreas da minha pele. Ver o Templo foi uma reminiscência da minha visita à Capela Sistina no ano passado; já que havia muitos guardas para fazer cumprir as regras de proibição de fotografia/vídeo, proibição de sapatos dentro e silêncio. As duas primeiras regras que mencionei foram prontamente aplicadas, conforme demonstrado por dois indivíduos que os guardas apagaram as fotos que tiraram do interior. O silêncio, eles foram tolerantes.

Após as visitas ao Local Sagrado, caminhamos até um serviço de barco-táxi e desfrutamos de um passeio no rio Chao Phraya. Muitos moradores locais têm casas às margens do rio, e a vista dos locais arquitetônicos realmente deu ao local uma sensação histórica. Além disso, alimentar alguns bagres no próprio rio foi uma experiência interessante. Após o passeio de barco, almoçamos em um buffet próximo, antes de voltarmos ao hotel por algumas horas.

-censurada- garota que se sentiu mal finalmente apareceu antes do nosso jantar com "danças clássicas tailandesas". Foi bom vê-la em pé e em movimento, mas como mencionei antes, ela não estava disposta a tentar nada realmente exótico. Ela tinha principalmente água e alguns pedaços de melancia. Conversas entre o grupo mostram que ela pode ter tentado comer demais em determinado momento, agravando sua condição. Acho que às vezes temos que aprender da maneira mais difícil.

Parece que outro foi encontrado doente, provavelmente por não estar acostumado com as condições da região. Ela, seus irmãos e (talvez) a mãe optaram por não jantar, aparentemente devido ao enjôo. Embora... ela não parecesse ter muitos problemas com nossos voos para a área, já que eram bastante turbulentos... Deve-se notar que a segunda criança que sucumbiu à doença é um dos "problemáticos" que mencionei antes.

22 DE MARÇO DE 2017:

Outra visita ao templo foi feita hoje enquanto meu grupo fazia uma bela viagem de ônibus até o Grande Palácio de Verão. A sombra dos muitos jardins ajudou a manter-nos frescos para a maioria, enquanto conferimos a arquitetura inspirada nos estilos chineses. Depois paramos brevemente para fazer compras antes de fazer um passeio de bonde até uma área histórica... na verdade, mal consigo entender nosso guia turístico e era difícil ouvir devido ao barulho. A paisagem continuou a impressionar e um vendedor de passeios de elefante também estava por perto.

Depois, almoçamos buffet e fizemos um passeio de barco no caminho de volta a Bangkok e ao nosso hotel. Na verdade, fiquei impressionado com a culinária local, gostando muito mais do que esperava, graças aos avisos sobre a sopa de bola de macaco. Até agora ainda não houve um incidente semelhante ao de Xi'an, que esperoé assim que fica pelo resto da viagem.

Ontem à noite foi nossa semi-última noite em Bangkok. Teremos mais uma noite em nosso último dia. Mas hoje pegamos nosso ônibus de Bangkok para Kanchanaburi. No caminho, paramos no museu da Ferrovia da Morte, no Mercado Flutuante e uma breve visita a uma Plantação de Coqueiros.

A plantação de coqueiros foi uma experiência bastante interessante, pois além de colher a vegetação local, abriga vários animais legais. Segundo nosso diretor de turismo -censurado- alguns dos animais servem como ajuda importante na plantação, mas são muito bem tratados. Havia esquilos, peixes lutadores, alguns bagres, enguias, gibões e uma grande píton (que parecia ter acabado de almoçar). A empresa de turismo que organizou esta viagem tenta monitorar as atrações locais para garantir que tudo estará seguro para seus viajantes e que as empresas funcionam como deveriam para que não houvesse perigo. Também consegui comprar algumas lembranças aqui.

O Mercado foi uma experiência interessante. Rodamos até lá em um passeio de 20min klong, que nos levou pelo quintal de muitos moradores. Paramos no próprio mercado, que tinha muitos souvenirs legais mas nada que me interessasse.-censurado- recomendou que experimentássemos um arroz pegajoso de manga que era vendido lá, e tentando ser um pouco mais aventureiro nessa viagem eu comi alguns. Enquanto estávamos tentando consegui-lo, uma mulher mais velha me emboscou com uma massagem usando Tiger Balm. A massagem foi uma droga e minha cara de viagem muito gentil me fez comprar quatro daquelas coisas estúpidas; que terei que jogar fora porque não poderei levá-los no avião. Não será um desperdício de dinheiro, já que a taxa de câmbio aqui é incrível vindo do dólar americano. 1 Baht da Tailândia equivale a aproximadamente 3 centavos em dólares americanos.

Depois disso, o museu da Ferrovia da Morte abrigou informações do campo de prisioneiros de guerra japonês da 2ª Guerra Mundial. Os locais retratados eram verdadeiramente dolorosos para os normais. Você já começou a se perguntar se as coisas horríveis que aconteceram se repetirão.

-censurada- ficou perto de mim durante a maior parte desta viagem, muitas vezes dizendo que ela está "buscando segurança em pessoas altas".

O hotel que a empresa nos conectou em Kanchanaburi é absolutamente incrível. É um resort localizado às margens do rio e não fica longe do polêmico Templo do Tigre. Nosso guia disse que o próprio resort foi traduzido como "Sweet Honey Bee". Sinceramente, não me importaria se ficasse preso aqui por um tempo, há muito o que fazer; duas piscinas, um campo de tiro com arco, um campo de paintball e armas de bb, aluguel de bicicletas e quadriciclos, um parque de cervos, um belo restaurante ao ar livre e muitas paisagens para desfrutar durante uma caminhada. A vida selvagem aqui e as decorações de fantasia proporcionam belos retoques. Inferno, havia o Homem-Aranha no restaurante.

Um dia maravilhoso ao ar livre, com mergulho no rio, passeio de trem e caminhada pelo Hellfire Pass. Não foi planejado para ser necessariamente um dia muito educativo, mas sim um dia divertido nos trópicos para as crianças. Devo admitir que o rio era um pouco intimidante, pois quem afunda melhor do que nada; mas estou orgulhoso de mim mesmo por fazer isso. O barco nos levou rio acima, passando por uma pequena cachoeira, e nos deixou em um ponto calmo. Todos nós éramos obrigados por lei a usar colete salva-vidas (surpreendentemente eles tinham um que me servia) devido à reputação da corrente de levar turistas para baixo de alguns barcos e eles não conseguirem sair. O fator perigo era de alguma forma atraente para mim. O perigo em si não surgiu até tentar voltar para o barco, pois a corrente estava piorando E tentar arrancar meus shorts! Tiramos uma de nossas fotos de grupo na cachoeira mencionada.

O próximo item da lista era um passeio na Ferrovia da Morte, um sistema ferroviário construído por prisioneiros de guerra japoneses. Foi um passeio bastante interessante por parte do sistema montanhoso da Tailândia. Uma enorme infinidade de selvas tropicais, macacos e outros animais exóticos que mal consegui fotografar. Bem, os elefantes chegarão em breve.

Hellfire Pass foi uma caminhada interessante. Continha alguns restos dos trilhos originais da Ferrovia da Morte. Memoriais aos prisioneiros de guerra britânicos e australianos estavam ao longo do caminho. Na verdade, uma nova exibição estava sendo construída na parte inferior da trilha, mas parecia que demoraria alguns meses até que fosse concluída.

25 DE MARÇO DE 2017:

Hoje foi dia de transferência enquanto íamos para o interior da Tailândia. A viagem de ônibus foi longa e desconfortável devido a uma lesão no cóccix que sofri no último hotel; acompanhar algumas dessas crianças está literalmente me machucando. Nossa primeira parada foi em outro templo, conhecido por suas atividades de leitura da sorte e de "fazer um pedido". Naturalmente, tentei ambos. A leitura da sorte foi configurada para funcionar assim: coloque uma moeda em uma ranhura que corresponda ao dia da semana em que você nasceu, espere que a luz giratória da roleta pare em um número e depois pegue um pedaço de papel correspondente a esse número. número. O meu pousou no número 1 (naturalmente) e, accoDe acordo com a tradução do nosso diretor de turnê, minha fortuna envolvia "sonhos se tornando realidade, sempre com boa saúde, sorte no amor, mas não no jogo".

O "faça um pedido" era mais como um ritual de oração. Era preciso pagar 20 baht por um sino onde pudesse escrever seu nome, tocar o sino e fazer o pedido diante de uma estátua gigante de Buda. Meu desejo era simplesmente que todos da minha família encontrassem as respostas que procuravam e um final pacífico para o que está por vir. Eu sei que provavelmente vai contra todo o propósito do desejo tê-lo anotado nestas páginas, mas ainda assim vale a pena mencioná-lo.

Depois do templo, dirigimos por mais 2 horas até chegarmos à nossa reserva de almoço em um pequeno resort agradável. O layout daquele resort lembrava muito mais o rio de casa, mas não foi a última parada. Havia uma plantação de pimenta perto do resort, o que levou nosso diretor a sugerir que experimentássemos o frango frito. Como grande parte da culinária tailandesa que tive a oportunidade de experimentar aqui, na verdade gostei bastante.

Do almoço, fomos direto para o hotel, o que nos levou a mergulhar direto na piscina quando nos acomodamos. Tenho certeza de que sentirei falta dessas crianças e devo tentar manter contato com todas elas quando tudo isso acabar. Já se fala em nos encontrarmos novamente na próxima viagem do meu antigo professor, Escócia e Irlanda.

26 DE MARÇO DE 2017:

A depressão do fim da viagem começou. Todo mundo tem a mentalidade de "animado por voltar para casa, mas triste por sair daqui". Tento sempre lembrá-los de que o melhor a fazer é planejar a próxima viagem e manter contato uns com os outros.

De qualquer forma, visitamos hoje uma fábrica de guarda-chuvas. Eles fizeram os guarda-chuvas de palha da velha escola que normalmente não são vistos fora das apresentações nos dias modernos. Vários pintores estavam lá e se ofereceram para desenhar qualquer coisa que lhes fosse dada. Inferno, você poderia fazer com que pintassem seu rosto se quisesse. Depois de um passeio e uma parada no mercado, algumas crianças tentaram me convencer a pintar minha cabeça depois de verem uma foto de um senhor mais velho (com uma linha de cabelo semelhante à minha) fazendo o mesmo. Eu apontei para eles que o calor e a umidade podem estragar a aparência, e que nosso diretor de turnê mencionou onde gostávamos de ir para a piscina, toda chance que tínhamos teria o mesmo efeito, então decidimos fazer o estojo da minha câmera. Custava apenas 100 baht, um pouco menos de 3 dólares.

Depois da fábrica da Umbrella, fizemos uma breve parada em uma fábrica de prata que nos mostrou um breve tutorial sobre como identificar prata verdadeira antes de podermos fazer algumas compras. Andei um pouco, conferindo alguns dos designs que estavam disponíveis, mas não comprei nada porque a maioria das pessoas para quem eu compraria provavelmente os estragaria.

Depois do jantar, nosso guia nos convidou para um passeio de Took Took. Estávamos em Chiang Mai naquela época e nossos pilotos começaram a desafiar uns aos outros. Tivemos 3 paradas, duas em mercados e na embaixada dos EUA, e nossa última parada foi naturalmente em nosso hotel. Meu amigo -censurado- e eu andamos juntos o tempo todo, e aconteceu que nosso motorista foi quem empurrou os outros para a corrida para nos mostrar um bom tempo; embora um dos motoristas tenha batido na traseira de um carro no caminho.

Como fiquei cansado com os longos dias que pareciam uma tentativa pobre de prolongar a nossa viagem, esqueci de manter este diário atualizado à medida que avançava. É através das fotos que tirei que consigo anotar o resto da minha viagem, portanto os dias exatos podem estar um pouco errados.

Este era o dia que todos esperávamos, o dia em que poderíamos brincar com os elefantes! No início da manhã, partimos para um Santuário de Elefantes, pois nosso diretor de turnê conseguiu que nosso grupo em particular ficasse algumas horas a mais do que o planejado originalmente, o que deixou todos no grupo muito entusiasmados. Fomos orientados a trazer trajes de banho e uma muda de roupa, pois nossas atividades incluiriam banho com os elefantes. Além de se alimentar, e só de estar na presença desses lindos animais, foi uma experiência absolutamente incrível. Os próprios elefantes eram aparentemente bastante travessos, especialmente Tum-Took, de 18 meses. Havia um alerta para chegar muito perto do bebê, pois ele gostava de apertar as pessoas por trás, geralmente pelo pescoço. -censurado- reforçou esse aviso mostrando-nos uma foto dele naquela mesma situação. Tum-Took não estava tentando machucar ninguém, ele só queria brincar.

Depois do nosso tempo com os elefantes, era hora de almoçar em uma fazenda de borboletas e orquídeas. Todos os nossos almoços eram buffets e, como mencionei antes, a comida era surpreendentemente deliciosa.

28 DE MARÇO DE 2017:

Último dia em Chiang Mai, a tristeza pós-viagem definitivamente se instalou no grupo. Tínhamos mais algumas atividades para conferir, apenas para nos distrair do final das trilhas. -censurados- estão todos sentindo isso muito pesado, mas estamos fazendo o que podemos para abraçar os últimos momentos e manter contato uma veze fomos forçados a seguir caminhos separados. Acho que talvez tenha que fazer uma dedicatória de livro em homenagem a eles. -censurado- na verdade me deu seu e-mail, então posso enviar a ele uma cópia digital gratuita para provar isso.

De qualquer forma, nossa primeira parada foi na tribo de pescoço longo Kayaw Karen. -censurado- nos distribuiu biscoitos para dar às crianças da tribo. Devem ter recebido muitos turistas porque tinham várias lojas com petiscos e algumas outras atividades. Eles ainda tinham a opção de testar o disparo de uma besta. Nossos ônibus de turismo não conseguiam chegar ao local onde a tribo estava localizada, então tivemos que pegar carona em táxis tailandeses, que eram semelhantes aos veículos de transporte de tropas.

Depois visitamos mais um templo, o Grande Palácio. Os monges forneceram leitura da sorte, bênçãos de água benta, e o mosteiro tinha uma vista deslumbrante de Chiang Mai (se não houvesse neblina). Foi muito interessante ver as muitas estátuas, e a história sempre foi uma leitura interessante. Nunca entendi porquê, mas culturas com muitos milhares de anos de história sempre apelaram aos meus interesses. Os romanos, a maioria das culturas asiáticas, coisas dessa natureza.

Terminamos o dia com uma ida ao shopping próximo. Notei que havia avisos de tráfico sexual por toda parte, então aqueles que conheciam minhas conexões entenderam por que fiz o que fiz. Eu tinha suspeitas de que as meninas estavam sendo vigiadas, então fiz o que pude para discretamente fazer com que os indivíduos que as observavam se afastassem.

Naquela noite não voltamos muito para o nosso hotel, pois tínhamos um voo programado de Chiang Mai, de volta a Bangkok. Por ser um voo doméstico, todos nós tivemos que despachar as malas. Uma vez em Bangkok, íamos jantar brevemente no primeiro hotel em que ficamos e ir direto para a cama. Antes que eu pudesse adormecer, minha tristeza pós-viagem me atingiu com força. Comecei a chorar por ter saído do grupo... só ia sentir falta de todo mundo ok?!

-censurado- trouxe cópias da primeira foto do grupo, na verdade desencadeando ainda mais a tristeza pós-viagem. Eu me peguei dizendo que a foto em si parecia vazia porque era o dia -censuradoque tive que ficar no hotel porque ela estava doente, ironicamente foi também a razão pela qual senti que precisava cuidar dela.

29 A 31 DE MARÇO DE 2017:

Saímos do hotel bem cedo para que pudéssemos ter algumas horas para relaxar e nos orientar no aeroporto. -censurado- não pôde se juntar a nós, mas fez questão de tirar fotos com todos nós quando fizemos o check-in. Fiz questão de conseguir uma, caso não conseguisse encontrá-lo para que ele e eu pudéssemos continuar em contato.-censurado- e meu antigo professor disse que tentariam se encontrar online, e posso usar essa conexão para encontrar -censurado-

Os vôos eram naturalmente desconfortáveis. Seguimos praticamente o mesmo caminho que tomamos para dentro do país, na saída. De Bangkok, passamos algumas horas em Hong Kong. Lá -censurado- vagou pelo aeroporto em busca de uma boa loja para conseguir algo para comer. -censurado- recomendou um prato de camarão frito no restaurante que escolhemos. Mal sabíamos que estávamos com pouco tempo e tivemos que devorar nossas refeições. Temendo que nosso tempo estivesse ainda mais curto, acabamos correndo pelo aeroporto. É claro que só corremos para um vôo de quase 13 horas até São Francisco.

São Francisco foi o ponto em que os grupos de Spokane e Boise se separaram, mas como tínhamos pelo menos 7 horas antes do voo, tiramos algum tempo para sair antes de seguirmos caminhos separados.

Como o grupo de Spokane estava prestes a partir, nós do grupo de Boise decidimos que era melhor irmos para o nosso portão. Confiei em -censurado-, só para desabafar, enquanto esperávamos no portão. Eu podia sentir a viagem escapando de mim, então naturalmente recorri a alguma comida reconfortante para aliviar meu estômago.

Quando voltamos para casa, eu estava preso no assento da janela. Faltavam apenas mais algumas horas para eu voltar a Boise e ter que me despedir de todos os outros. Chegamos pouco antes das 10h30 da noite e fui recebido na saída por minha mãe e minha avó. Antes de sairmos do aeroporto, fui até a esteira de bagagens para dar mais alguns abraços de despedida em todos. Depois de voltar para casa, só cheguei pouco depois da 1h do dia 31.

Devo observar uma das mães na viagem, que confessei sobre minha depressão pós-viagem se instalando, comparou minha situação com a de soldados voltando para casa depois de se aproximarem de outras pessoas em sua unidade. Portanto, o clichê "paredes ao redor do meu coração" tem que ser erguido, e eu tenho que manter uma certa atitude, para me proteger, para que eu possa continuar e alcançar mais pessoas.

Quando comecei a viajar, aconteceu um fenômeno interessante... os muros caíram. Os instintos de proteção que minha vida me deu e meu treinamento permanecem lá, mas as paredes encontram aberturas dentro de si mesmas e permitem a entrada de outros.

12 DE ABRIL DE 2017:

Não aconteceu muita coisa desde que voltei à realidade. Um fugitivo que causou uma perseguição foi preso, sem atualizações sobre os incidentes raciaismencionado na última postagem, não há muito o que mencionar. Um dos meus amigos do meu trabalho diário está saindo, mas nada de especial. Esta é mais uma postagem reflexiva...

Meditei sobre imagens da Tailândia, pois algumas de minhas sessões de escrita automática indicaram que previ esse empreendimento chegando e de alguma forma ele pode estar ligado a Olivia. Jurei que tive sonhos que me mostravam áreas tropicais exuberantes idênticas às áreas que visitei na Tailândia. Algo estava me observando, alguém muito parecido com uma das garotas do meu grupo de viagem. Pelo menos de passagem...

23 DE ABRIL DE 2017:

Já se passou quase um mês desde meu retorno da Tailândia e houve alguns desenvolvimentos dignos de nota. Nos meus círculos sociais, -censurado- também parece ter cessado a comunicação depois de saber da minha inscrição num curso de investigação privada. Apesar de ser um amigo, às vezes ele demonstra inveja conforme progrido na vida. Ele reconhece minha abordagem estratégica, mas suas ações sugerem algum descontentamento subjacente, mas conversas pessoais sobre o que está acontecendo em sua vida... mostram que tenho estado cego para o que ele está passando.

Seguindo em frente, pretendo entrar em contato com -censurado- esta semana para obter -censurado-. Eles demonstraram interesse na viagem à Escócia e à Irlanda, especialmente os -censurados-, que pareciam fascinados pelos contos de duendes e fadas. Minha experiência em investigação paranormal pode despertar o interesse dela.

Em questões familiares, surgiu um desentendimento entre minha mãe e eu quando compartilhei minha opinião sincera sobre acompanhá-la -censurada- à peça da escola, que achei sem brilho. -censurada- foi impedida de se apresentar durante a escola devido a uma queda repentina em suas notas, e eu acreditei que ela deveria ter sido totalmente excluída. Uma discussão mais aprofundada revelou seu comportamento agressivo em relação a outros alunos, que minha mãe rejeita, provavelmente porque apoia minha aparente "hostilidade".

Na minha busca pelo combate ao crime, me inscrevi no -censurado- para validar ainda mais minhas habilidades investigativas e promover meu negócio. Minha inscrição está pendente e, uma vez aceita, o programa deverá levar de 3 a 6 meses para ser concluído. Pretendo financiar meus estudos de forma independente, ansioso por me dedicar a materiais que sejam de uso prático.

Em relação às artes, estou pensando em uma estratégia para aumentar as vendas de música. Meu distribuidor introduziu recentemente um recurso de licenciamento, permitindo a distribuição legal de covers. Meu plano é tecer músicas não relacionadas em uma narrativa, começando com "Desperado" dos Eagles, "Hurt" do Nine Inch Nails e "I Don't Want To Miss A Thing" do Aerosmith, elaborando a história de um fora-da-lei capturado em um ciclo implacável de amor e perda.

Meu próximo livro, "The Ones Who Walk All Worlds: Lover's Cry Part 2", está tomando forma depois de superar um grave caso de bloqueio de escritor. Atualmente está focado na perspectiva do interesse amoroso de "A Giant's Curse" e estou curioso para ver como a história se desenrolará.

3 DE MAIO DE 2017:

Fui aceito em um programa que visa fortalecer meu negócio e potencialmente moldar minha carreira. Curiosamente, as minhas actividades de aplicação da lei suscitam menos cepticismo público, talvez devido à minha presença. O programa já se mostrou benéfico, oferecendo recursos para novos equipamentos e técnicas de investigação. Estou confiante na minha escolha; permite-me autofinanciar a minha educação, aprender matérias que me fascinam fora do currículo padrão e alavancar as minhas competências inatas. Com o aumento da infidelidade, dos crimes relacionados com drogas e da loucura geral, eu poderia muito bem estabelecer a minha empresa localmente.

Este caminho, no entanto, apresenta o seu próprio conjunto de desafios, mas acredito ter algumas soluções. Como todos os meus esforços, devo abordar cada passo como um risco estratégico, planeando o maior número possível de contingências.

Priorizar a manutenção do carro é fundamental para mim neste momento prolongar sua vida útil. Parece que o carro precisa de pequenos reparos, como alinhamento e substituição do rolamento do cubo, que são administráveis para uma pessoa que entende de carros, ao contrário de mim. Pelo lado positivo, um salário substancial do meu trabalho diário, incluindo horas extras, está a caminho para cobrir esses custos. Também pausei os pagamentos automáticos da minha viagem à Escócia e à Irlanda para liberar alguns fundos.

Por outro lado, a minha angariação de fundos para o dinheiro inicial não teve sucesso, por isso estou a considerá-la apenas para caridade agora. No entanto, descobri a corretagem de ações como uma fonte potencial de financiamento. Estou explorando uma plataforma que permite investir em ações com qualquer orçamento. Pretendo manter meu trabalho diário para obter segurança financeira enquanto navego neste novo empreendimento. Já investi em um estúdio de cinema chamado -censurado- cujo filme recente-censurado- foi bem recebido. Embora não esteja sendo exibido em Idaho, estou aguardando o lançamento do DVD e pensando em aumentar meu investimento à medida que o estúdio ganha mais reconhecimento.

De qualquer forma, as coisas estão prestes a ficar interessantes.

Do jeito que está, precisarei ajustar meus vários projetos de acordo:

IN Music - Estou suspendendo os planos de músicas cover por enquanto. Eu poderia considerar fazer uma única música para acompanhar ffuturos lançamentos de livros como elemento temático, mas isso requer uma exploração mais aprofundada.

EM Livros - Pretendo estabelecer uma nova rotina diária que inclua pelo menos 30 minutos a uma hora de escrita para atender às crescentes demandas. Pretendo pausar o trabalho em "The Ones Who Walk All Worlds" depois de lançar "Lover's Cry Part 2", para explorar outros gêneros. Embora eu tenha começado a criar um título para esta revista ontem à noite, parece que esta tarefa terá de ser adiada.

IN Filmes/Televisão - Decidi ficar fora das câmeras por enquanto. Estou buscando me aprofundar em um papel investigativo, o que acredito que renderá muito material novo para a escrita de roteiros. Estou aberto a fazer aparições caso surjam oportunidades, mas, por enquanto, continuarei com minha abordagem habitual.

IN Gaming - Tentei lançar um canal de jogos no YouTube, mas decidi abandonar esse esforço e continuar jogando apenas para aliviar o estresse. Manter meus favoritos de infância deve ajudar a manter a mente clara.

DENTRO Viagens - Não há mudanças plane-
jadas aqui, a menos que surja um grande conflito.
As experiências são enriquecedoras demais para
serem abandonadas, e a agência de viagens que uti-
lizo sempre oferece aventuras envolventes. A próxima viagem à Escócia e Irlanda provavelmente será
a minha última com o grupo do ensino médio. A
empresa de turismo oferece vários programas adap-
tados a diferentes faixas etárias e, após a minha
próxima viagem à Europa, estou a considerar aderir
ao tour "College Break", concebido para jovens entre os 18 e os 28 anos. Embora eu goste de acompanhar o público mais jovem, é hora de viajar com
colegas mais próximos da minha idade.

MAIO – JUNHO DE 2017

Estou sendo perseguido no trabalho, pneus furados duas vezes. Tudo porque eu disse a um cara
que pensei ser um amigo que o bebê de quem sua
noiva estava grávida não era filho dele. Não demorou muito para descobrir que ele estava envolvido, o maldito idiota precisa de uma pancada
na cabeça por estar agindo de maneira estúpida,

mas ele não está exatamente pensando com a cabeça apoiada nos ombros.

12 DE MAIO DE 2017:

Um canalha que tenho monitorado nos últimos meses cometeu vandalismo hoje e eu fui o alvo. Enquanto eu estava trabalhando, recebi um telefonema da minha mãe informando que TODOS os meus pneus estavam furados e que eu precisava sair imediatamente. Consegui ver claramente os ferimentos de entrada em todos os pneus, mas outra coisa me chamou a atenção; um rosto familiar estava me observando de um caminhão. O namorado do suspeito, um velho amigo meu do ensino médio, dirige uma caminhonete vermelha de modelo antigo com uma grande bandeira americana pendurada na carroceria... o suspeito estava me observando de um veículo com a mesma descrição. Vou incomodar a equipe administrativa do meu trabalho até que me deixem ver as fitas, só para poder confirmar minhas suspeitas. A mulher provavelmente pensa que escaparia impune, já que deverá declarar-se culpada na segunda-feira.

Jesus, meu amigo é um idiota patético por querer ficar com essa garota.

Os motivos para as ações provavelmente resultaram de eu ter incitado minha amiga sobre supostas notícias sobre gravidez. Minha amiga admitiu que me traiu em diversas ocasiões, comprou drogas de outro suspeito que estou monitorando e eu a peguei invadindo a caminhonete do meu amigo na última vez que estiveram juntos. Deve-se notar que meu amigo também é suicida, e a última vez que esses dois terminaram, ele ficou muito sombrio. Mas à luz dos acontecimentos recentes, classifiquei-o como "Estágio 2-SI", SI significa "idiota estúpido".

Mal sabem os estrangeiros que tenho tendência a definir os meus alvos para atacar, a fim de conseguir testemunhas suficientes para descartar qualquer especulação de inocência, e mais uma vez o sistema funcionou. Eu só tenho que unir as evidências.

17 DE MAIO DE 2017:

No Dia das Mães, meus pneus foram furados novamente, o que finalmente fez avançar a investigação, pois foi fácil determinar que se tratava de um ataque direcionado. Consegui localizar pelo menos três possíveis suspeitos espreitando a área quando estava saindo do meu trabalho diário e passei as informações coletadas ao policial que assumiu o caso. Também consegui descobrir que o departamento de pneus que trabalhou no meu carro teve alguns outros incidentes semelhantes ocorridos nas últimas semanas. Enquanto conversava com a policial ontem, mencionei isso para ver se ela estava ciente dos referidos incidentes, mas nada surgiu. Se o meu incidente estiver realmente conectado, talvez eu tenha que abordar isso sob um novo ângulo.

Em casa, minha irmã -censurada- chegou com um convite interessante da escola dela. Um de seus professores está organizando uma viagem de férias de verão para 2019; passando por Paris, Nice, Florença, Pisa e Roma. A viagem é organizada pela empresa pela qual passei nas últimas viagens, então já sei que ela estaria em boas mãos. Minha mãe estipula que ela precisaria de um acompanhante para ficar de olho nela. Naturalmente, -censurado- inclinou-se para que eu me juntasse a ela. Ela está na idade em que não quer nenhum parente com ela, mas tendo seu irmão que esteve na região é menos propenso a pressioná-la o tempo todo e realmente deixá-la ter alguma coisa.A diversão é facilmente a escolha mais tolerável. Há uma reunião na próxima quarta-feira, posso tentar enganá-la também, para que ela possa realmente obter a informação de alguém a quem pelo menos (finja) prestar atenção.

Minha mãe tentou impedi-la de ir, mas uma parte de mim se perguntava se fazer uma dessas viagens exóticas faria algum bem à minha irmã para se recompor. Eu a levei contra a vontade de minha mãe, com a única condição de que ela se mantivesse longe de problemas. Um incidente e estava feito.

Um momento de ensino? Talvez, se minha irmã não tivesse sido pega mais uma vez se explorando para os meninos de sua classe. Provavelmente funcionou da melhor maneira... pois descobri que a senhora do RH do meu trabalho faz essa viagem todos os anos.

18 DE MAIO DE 2017:

A gerência finalmente me revelou fotos de vigilância, capturando a pessoa que cortou meus pneus. Eu consegui identificar o culpado: um homem de 40 e poucos anos com aparência de skatista/gangue, tolo o suficiente para fazer compras logo após sua primeira ofensa. Isto muda um pouco a estratégia do caso, mas a minha acção imediata foi pedir desculpa ao meu amigo pela minha reacção inicial, embora não pelas minhas palavras. Curiosamente, o suspeito apareceu novamente hoje, proporcionando uma oportunidade para descobrir a sua identidade, e o meu amigo ficou óbvio pelo facto de eu o ter visto sinalizar ao suspeito para fugir.

O caso está se desenrolando.

21 DE MAIO DE 2017:

O indivíduo que está me atacando ainda não apareceu novamente, o que provavelmente foi a única coisa inteligente que ele fez. Continuarei aguardando a oportunidade de tirar uma foto dele, com outros assuntos em questão. Mas, uma observação interessante deve ser feita caso isso se transforme em algo. Um homem de 20 e poucos anos foi levado de ambulância ao hospital devido a uma série de facadas, e pouco mais foi relatado. Pode não ter relação, mas pode significar que ocorreu um confronto entre o grupo de suspeitos. Aquele que iniciou esta cadeia de eventos não apareceu para trabalhar hoje, quando ontem parecia bem. Vou precisar continuar monitorando a situação.

Independentemente de como tudo se desenrola, ainda preciso continuar.

Fiz algumas vigilâncias em meu trabalho diário para encontrar o suspeito que cortou meus pneus, mas não consegui localizá-lo. Parece que meu "amigo" passou adiante a notícia de que eu estava procurando uma arma e que o suspeito foi flagrado pela câmera. Isso apenas aponta tudo para ele ainda mais. A equipe administrativa mostrou a foto ao meu tio, entretanto, e deve-se notar que o engano está no ar. Parece que meu "amigo" mentiu sobre a identidade do suspeito. Ainda não posso dizer com certeza, mas é um desenvolvimento interessante.

Quanto à arma, estou procurando uma pistola EAA Witness 9mm como minha arma. Encontrei um por um bom preço e vou conversar com um velho amigo em uma loja de penhores local para ver se ele pode ajudar com os preparativos. As pessoas deveriam realmente parar de subestimar até onde irei para defender minha posição, ou as pessoas que apenas me impedirão para garantir que eu use as ferramentas certas para realizar o trabalho.

Se você vai fazer algo, é melhor ser esperto.

Recentemente peguei uma cópia de "LOGAN" após seu lançamento doméstico. Como entusiasta da indústria cinematográfica, reconheço a sua produção excepcional, mas desperta pensamentos únicos dentro de mim, especialmente após o incidente com o pneu.

Continuando nesse caminho, sinto-me compelido a incorporar Wolverine – não apenas o solitário marcado pela batalha, mas a arma formidável. Já sou a pessoa que se preocupa profundamente, talvez até demais. Agora é uma questão de tudo ou nada. Preciso me aprofundar no aprendizado – dominar armas de fogo, lâminas, autodefesa, artes marciais e armamento avançado. Devo ficar mais forte, mais rápido, mais sábio. Devo enfrentar meus demônios interiores e me preparar para a batalha. Wolverine faz parte da minha identidade, integrada à minha marca, mas pretendo evoluir para uma força sem precedentes. Devo absorver a sabedoria dos maiores.

31 DE OUTUBRO DE 2017:

Rumores de um culto satânico na área participando de sacrifícios de animais começaram a ressurgir novamente, possivelmente devido ao fato de ser Halloween. Eu acredito que há algo nos rumores, mas no que diz respeito a encontrar um fio tangível para enfrentar a ameaça, isso tem se mostrado difícil.

11 DE NOVEMBRO DE 2017:

Entrei em contato com um velho amigo, que me incomodou sobre participar de uma caçada desde que o conheci, há cerca de 5 anos, para discutir os detalhes da investigação da viagem no tempo e ver se ele poderia provar mais alguma ideia para melhorar as já escassas chances. de realmente realizar tal façanha. Ele não forneceu muitas informações sobre esse assunto, mas mencionou outra situação com a qual estava lidando e com a qual eu poderia ajudar. Ele acreditava que estava sendo perseguido por uma entidade conhecida como "Homem do Chapéu". Relatos de testemunhas oculares, inclusive os meus, o descrevem como uma pessoa sombria que parece usar um sobretudo e um chapéu tipo fedora. Outros incluem detalhes de olhos vermelhos brilhantes, um terno, uma pasta e até uma bengala.

Muitas pessoas acreditam que o "Homem do Chapéu" é um portador de infortúnioe... que ele gosta de causar o caos. A verdade é que ele simplesmente consegue sentir quando alguém está sob forte estresse emocional e gosta de agitar um pouco as coisas. Tenho motivos para acreditar que o "Homem do Chapéu" já foi humano, mas era um idiota. Tive um desentendimento com ele nos meus primeiros dias, bem na época em que estava lidando com as ações de meu pai. Foi através desse encontro que consegui descobrir como me livrar dele, que foi o conselho que lhe encaminhei. Apenas diga ao cara para ir embora.

Os detalhes exatos são muito mais difíceis, mas é a ideia básica. O "Homem do Chapéu" é um valentão sobrenatural, então dizer a ele para se ferrar faz parte disso, mas existem processos inteiros

para eliminar completamente ameaças sobrenaturais como essa. Posso incluir algo como uma "en-
ciclopédia paranormal" na "Frandsen Files
Initiative" quando finalmente conseguir escrevê-la
(talvez uma espécie de compêndio, melhor...)

Tornando-se o especialista do estranho

24 DE NOVEMBRO DE 2017:

Restos de -censurado- encontrados há 3 semanas identificados, o vazamento não foi tornado público -censurado-. Acontece que pertence a um caso de desaparecimento de uma criança de 2 anos de um condado próximo. Mulher, 20 e poucos anos, dinheiro de recompensa pode estar disponível, talvez eu precise ajudar a investigar isso dadas as circunstâncias.

25 DE NOVEMBRO DE 2017:

Oficialmente na investigação de detalhes importantes localizados -censurados- sobre os eventos que levaram à sua morte, a primeira prioridade é encontrar o resto dela.

Não consigo tirar da cabeça a ideia de -censurado-, então estou oficialmente aceitando o caso. Pesquisei um pouco sobre a vítima e consegui encontrar uma linha do tempo dos eventos que levaram à investigação inicial. Parece que dois suspeitos já estão na fila; um sendo um ex-namorado que foi pai do bebê da senhora que não viveu mais de um mês, e o outro sendo um novo noivo que atualmente está cumprindo pena por acusações de drogas e fugindo da polícia.

Segundo informações da imprensa, houve uma briga prévia entre os dois senhores porque a ex tentou convencê-la a não morar com o novo noivo. Uma investigação mais aprofundada já realizada revelou que as roupas da vítima foram encontradas em um local em -censurado- Tenho algumas ideias, mas nada pode ser provado sem-censurado-

26 DE NOVEMBRO DE 2017:

Tive uma possível comunicação com a vítima através da visão do estado de sonho, parece que o espírito está tentando fazer contato desde que os restos mortais foram encontrados, cara que a matou já na prisão, deve encontrar -censurado-

28 DE NOVEMBRO DE 2017:

Procurando por censura, quase não revelando nada. Estou tendo cada vez mais um mau pressentimento de que isso é algo mais do que apenas um triângulo amoroso que se tornou fatal.

2 DE DEZEMBRO DE 2017:

Houve um tiroteio momentos antes de eu entrar no estacionamento do meu local de trabalho. A polícia estadual montou uma apreensão de drogas que deu errado, na esperança de acrescentar mais acusações, pois meu local de trabalho ficava do outro lado da rua de uma das escolas secundárias locais. Um suspeito tentou entrar correndo na loja para tentar se esconder da polícia, sem perceber que a loja havia começado a trancar as portas à meia-noite em resposta ao roubo. Ambos os suspeitos foram detidos, um baleado e ferido pela polícia.

23 DE DEZEMBRO DE 2017:

Minha tia compartilhou uma gravação de voz de uma sessão psíquica onde ela afirmou ter ouvido a voz do meu avô. Intrigado, conduzi minha própria sessão de áudio e recebi uma mensagem pedindo que eu parasse de incomodar minha tia, lembrando estranhamente a voz de meu falecido avô.

Além disso, outra voz surgiu, alegando ser a de uma garota desaparecida cujo crânio foi descoberto recentemente. Ela expressou consciência da minha busca por ela e indicou que está tentando me guiar.

27 DE DEZEMBRO DE 2017:

Pedido de assassino de aluguel

Uma mulher com quem eu estava conversando em um site de namoro mencionou que morava com pais abusivos e perguntaria se eu mataria os pais dela por ela. Obviamente eu cortei meus laços ali mesmo. O que quer que tenha acontecido com ela, honestamente não tenho ideia... provavelmente é melhor que continue assim. Sério, quão louco você tem que ser para tentar fazer com que algum cara aleatório online mate sua família. Discuti a situação com um dos meus contatos na polícia e eles disseram que iriam investigar.

24 DE JANEIRO DE 2018

Experimentação de sigilo de anjo.

Usando sigilos do livro "Sigilos, Chaves e Chamados Angélicos de Benn Woodcroft" e pegando elementos de design de sigilos de comunicação de As Chaves de Salomão, projetei um sigilo de proteção que chamei de "As Muralhas do Éden". O poder desta coisa só seria totalmente demonstrado anos depois.

19 A 28 DE MARÇO DE 2018

Terra → Viagem à Escócia e Irlanda, Nessie e Crowley

Minha última viagem com meu grupo de viagem foi um tour pela Irlanda e Escócia. Meu plano inicial era não ir, mas rapidamente mudei de ideia ao saber que a última parada da viagem seria no Lago Ness, um local que sempre quis visitar na esperança de ver Nessie. Parte da minha atenção foi desviada por estar no meio de um rompimento na época, mas no geral a viagem foi incrível.

Antes do dia em que partimos para Loch Ness, visitamos locais na Irlanda e na Escócia, lembro-me de breves imagens de ver naves no céu. Também teria vistas da paisagem como se estivesse a bordo dos navios mencionados. Um desses casos foi tirado acima das águas do Lago Ness dias antes de nosso grupo fazer a viagem oficial e foi mostrado as altas concentrações de quartzo na região.

Quando chegamos ao Lago, meus olhos nunca saíram da água. E para minha surpresa, um grande animal aquático surgiu na superfície enquanto tentava evitar uma lancha preta. Fiz o meu melhor para tirar fotos, com apenas duas mostrando o grande objeto na água, mas nada que definisse claramente o que era.

Relatei meu avistamento ao Registro do Lago Ness quando voltamos para o hotel e a história começou a se tornar um pouco viral quando eu estava voltando de avião para casa. Também descobri que posso ter recebido ajuda sobrenatural de minha bisavó, que faleceu cerca de uma hora antes de minha chegada ao Lago Ness.

As páginas a seguir mostrarão possíveis fotos próximas de "Nessie". Foi o melhor que consegui nessas circunstâncias, mas independentemente de ser um assistente sobrenatural ou de não conseguir algo na primeira tentativa, quando outros podem passar décadas sem nada para mostrar, é impressionante. A provação conseguiu chamar a atenção dos produtores para um especial da National Geographic chamado "Drain the Oceans".

Enquanto nos preparávamos para sair do Lago Ness, avistamos a casa de Aleister Crowley, onde jurei que pude ver uma figura encapuzada nos observando. Por falta de palavra melhor, a figura parecia semelhante a uma capa de membro da KKK. Se fosse o senhor Crowley... eu ficaria mais intrigado em explorar isso sem crianças perto de mim.

NOVEMBRO - DEZEMBRO DE 2018

Depois que um canal do YouTube chamado -censurado- (que envolve a família da mulher desaparecida) conta alguns incidentes envolvendo mim, fui contatado por um cavalheiro que acreditava poder estar possuído por um grande ser demoníaco semelhante a um cão, que fez com que ele firmasse um contrato de sangue enquanto estava em estado de sonho.

O que me chamou a atenção foi a afirmação de que, ao acordar do sonho, o cliente alegou que sua mão estava completamente dilacerada, como se tivesse quebrado uma janela. Ainda mais perturbadora foi a afirmação de que os animais se comportavam de maneira estranha, como se estivessem assustados por um predador de ponta.

As cutucadas em meu estômago me disseram para aceitar este caso, algo era genuíno. Desenvolvimentos posteriores identificaram o ser como Vapula. Todos os métodos para tentar lidar com a situação remotamente não estavam funcionando, este incidente exigiria uma sessão pessoal. Muito rapidamente, transformou-se num exorcismo violento que quase chegou à combustão espontânea, a pele do homem começou a formar bolhas como se ele estivesse exposto a um calor extremo. Eventualmente, o ser quebrou a conexão, escapando da sala como uma massa escura antes que as ligações adequadas pudessem ser concluídas. Por enquanto, o garoto estava seguro. Até hoje não tenho certeza do que atraiu essa coisa para o garoto. Não havia sinais de uso de drogas, abuso, álcool, nada disso. Principalmente esse era um garoto estressado com os exames da faculdade.

Cerca de duas semanas depois, em estado de sonho, tive a visão de caminhar pelo que parecia ser um campo de internamento abandonado com vários anos de vegetação excessiva. Enquanto eu caminhava, pude ouvir um rádio tocando o que parecia ser música dos anos 40. Encontrei uma sala com o rádio no chão e entrei. Imediatamente a estática rompeu a música e reconheci-a como algo fazendo contato. Na parte de trás da minha cabeça, senti outra transmissão tentando passar, avisando-me de que se tratava de uma armadilha. Quem quer que estivesse passando pelo rádio não pareceu registrar o aviso, pois continuava tentando me provocar. Exigi que o ser se identificasse novamente, trazendo à tona o clichê "em nome de Cristo", e isso só o irritou ainda mais.

O ser saltou do rádio, envolvendo as mãos em volta da minha garganta, rosnando em voz baixa e rouca: "É Vapula, vadia!" A próxima coisa que percebi foi que estava preso à parede do meu quarto pelo pescoço por uma grande massa sombria, e ela estava apertando com mais força. Isso não era mais um sonho...

Agarrei a mão dessa coisa, tentando respirar mais algumas vezes. Sua "pele" parecia o couro de um animal sarnento. Consegui murmurar as palavras: "Michael... socorro... agora!" Eu podia ver o rosto dessa coisa olhando para o teto com medo. A próxima coisa que percebi foi que uma luz saiu dos meus olhos e da minha boca. Valpula soltou um grito enorme, semelhante a uma manada de porcos sendo abatidos de uma só vez. Rapidamente perdi a consciência.

Na manhã seguinte acordei no chão e fui sair para tirar o lixo. Minha vizinha se aproximou de mim perguntando o que diabos estava acontecendo porque algo na minha casa estava assustando seus cachorros, ela até mencionou ter visto a luz e ouvido os gritos de um animal sendo abatido. Ela também conhecia meus empreendimentos sobrenaturais, muitas vezes brincando que eu deveria estar dirigindo um Chevy 67. IssoFoi quando percebi que meu pescoço ainda tinha marcas vermelhas pertencentes à mão de alguém, ou melhor, de algo, muito maior que eu. Ao ver as marcas, minha vizinha quase teve os olhos saltados do crânio. Eu simplesmente deixei assim: "É melhor que você não saiba. Espero que o que aconteceu esteja acabado", e continuei com meus negócios.

Nas semanas seguintes, a conversa sobre os comprimentos de onda sobrenaturais foi silenciosa, possivelmente imaginando que eu estava precisando de tempo para processar o que havia acontecido. Quando alguém apareceu, uma voz masculina me disse que rapidamente se espalhou a notícia de que eu havia ferido Vapula gravemente e que havia um novo medo de mim. Anjos, espíritos normais... eles sabiam quem eu era e às vezes pareciam intimidados à medida que a história se espalhava. Aparentemente o "outro lado" está cheio de fofocas. Embora intimidados, eles sabiam que eu era confiável. Quanto a quaisquer "demoníacos", eles teriam medo de se aproximar.

O que diabos eu sou?

DEZEMBRO DE 2019

A Caça às Terras Infinitas estava em andamento. Um procedimento experimental para utilizar métodos simples de caça a fantasmas, um pouco de magia e um planejamento inteligente para fazer contato com seres de outros mundos...

possivelmente até mesmo de "Terras alternativas".
Eu sabia que não seria sensato simplesmente deixar
um convite aberto, isso simplesmente convida a de-
masiados riscos e a situação na China já está a se-
mear infortúnio suficiente para que seres mais
sombrios possam vaguear mais livremente. Prevejo
que isso só aumentará.

No que diz respeito ao experimento, após alguma pesquisa cuidadosa, escolhi três alvos potencialmente viáveis para focar. Definir a intenção
para esses indivíduos ajudaria a evitar interferências. Uma parte de mim sentiu a necessidade de
obter ajuda externa para obter a força necessária
para sair do mundo. Um instinto imediato foi
pesquisar a tradição em torno dos anjos, optando
pelo Arcanjo Metatron por suas percepções sobre
os acontecimentos mundanos. Parece que o anjo
com uma "face verdadeira" do tamanho da Terra
também teria visão de dimensões alternativas. Eu
aprenderia mais tarde que o Metatron pode de fato
ser uma espécie de frequência natural alinhada
com a Fonte... uma linha direta com todas as outras
frequências.

Quanto aos meus alvos, eu precisava daqueles
que tivessem algum tipo de visitação ou interação

com ESTA Terra... e que fosse um caso previamente documentado. Caso contrário, aumenta as chances de infiltração. Para este experimento, escolhi três indivíduos que se encaixariam perfeitamente no perfil, se fossem de fato reais.

Vrillon - Um ET que afirma estar conectado ao Comando Galáctico Ashtar que sequestrou desenhos animados nas manhãs de sábado em 1977 no Reino Unido. Testemunhado por centenas

Val Thor - Um venusiano que passou cinco anos morando no Pentágono, tripulação de cinco pessoas, incluindo a esposa Jilian

John -censurado- - Um potencial personagem de quadrinhos ganhando vida, os escritores basearam o personagem em práticas realmente ocultas e juram até hoje que o viram em carne e osso

Cada indivíduo foi cuidadosamente pesquisado e selecionado com base no fato de que seus casos individuais continham múltiplas testemunhas oculares, até mesmo alguma evidência física de interação em nosso mundo. Essa medida por si só indicava maiores chances de interação. Ao usar Metatron como uma antena parabólica interdimensional, isso, em teoria, permitiria uma comunicação mais forte e estável. Que outras regras eu tive que considerar? Difícil dizer, não que exista um manual sobre essas coisas.

Mas aqui estão os resultados correspondentes:

Se Vrillon pudesse me ouvir, deixe-me ir para o correio de voz... por assim dizer. Anos depois, descobri que o Comando Galáctico Ashtar não interage com civis, então é bem possível que nenhuma interação tenha ocorrido porque eu era um indivíduo aleatório.

Ao entrar em contato com Val Thor as comunicações pareciam um pouco mais ativas. Algumas fitas de áudio foram apagadas e uma pequena nave esférica apareceu enquanto eu visitava o parque eólico local com a família. Algumas sessões de áudio realizadas após a descoberta dos arquivos corrompidos indicaram uma troca hostil, mas as questões foram rapidamente resolvidas

O mais estranho de tudo. Sessões de áudio fracas, vozes que correspondem à descrição do personagem, mas uma única gravação deixada por uma fonte anômala de estática deixou uma mensagem clara como o dia "Se você pode me ouvir, -censurado- quer você"

Para minha surpresa, -censurado- foi o contato mais bem-sucedido, e ele apareceu em alguns outros casos em que um caso deu errado, oferecendo seu conjunto de habilidades. Abordei alguns escritores envolvidos nas histórias originais, e eles me aconselharam a ter cuidado, pois -censurado- não é um homem confiável e vai me ferrar no momento em que isso o beneficiar.

MARÇO - ABRIL DE 2020

Terra - Estados Unidos - Idaho → Carolina do Norte

À medida que os bloqueios do COVID começaram a ser implementados em meu estado natal, fui convidado a aparecer em um programa de paródia paranormal chamado Conspiracy Cases. Era algo um pouco diferente das minhas ligações habituais, então fui em frente e dirigi. Faltavam apenas duas horas e isso me deu a chance de passar um fim de semana fora. As filmagens duraram apenas algumas horas por diaantigo abrigo antiaéreo em Boise e nos meus dias de folga, não há melhor momento para fazer isso.

Além disso, isso me deu a oportunidade de visitar um zoológico local e voltar à Penitenciária Estadual de Old Idaho para revisitar onde aprendi que havia vida após a morte. Como eu estava sozinho no fim de semana, eu queria uma chance de visitar alguns lugares em Boise que normalmente não tinha quando estava com minha família e as mulheres só queriam fazer compras. Não me importo de fazer compras, mas há muito mais para fazer!

Embora eu fosse considerado um "trabalhador essencial" e ainda pudesse trabalhar durante a pandemia, decidi começar a fazer documentários em casa para aprimorar minhas habilidades e talvez tentar algo novo. O fato de eu ter interesse pessoal em encontros anteriores foi trazido à tona em minha mente como um aumento nos relatos de sua aparição. Imagina que o mundo enlouqueceria e ele emergiria para ver tudo se desenrolar.

Durante minha pesquisa, um post no Reddit fez comparações entre o -censurado- e um ser da mitologia de Brenton conhecido como Ankou, que é essencialmente uma espécie de Grim Reaper. Quando desci nesta toca do coelho, uma das histórias de origem do Ankou era que o ser não era outro senão o filho primogênito de Adão e Eva. Caim, de Caim e Abel. Quando li isso, posso jurar que ouvi uma risada maníaca.

Quase como algo saído de um filme, recebi um telefonema de uma "linha direta" que eu havia con-figurado brevemente quando voltava para casa, por volta das 3 da manhã. Um pai da Carolina do Norte estava ligando freneticamente para qualquer grupo de base paranormal e exorcistas em busca de ajuda em relação a um ser que estava concentrando sua atenção no filho do homem, então com 3 anos de idade. Assim que ouvi na mensagem de voz que havia uma criança envolvida, liguei imediatamente de volta para o pai.

Uma conversa de quase quatro horas detal-hando quase todos os clichês (cheiros, arranhões, vozes, sombras, uma sala "morta" onde a vida pare-cia ser drenada por qualquer um que entrasse. Au-mentou de intensidade quando a voz do que parecia ser de cinco anos O velho disse: "Larga a porra do telefone ou mato você, vadia".

Escusado será dizer que eu estava totalmente convencido de que esta era uma decisão legítima. Recebi mais informações do pai. Ele detalhou que esse ser aparentemente já existia há algum tempo, desde que o pai era adolescente, e oferecia o cargo de "general de algum exército". Como havia um esforço óbvio por parte do ser para estabelecer algum tipo de relacionamento, perguntei ao pai se ele alguma vez disse seu nome.

O pai, que não conhecia nomes bíblicos, não entendia o significado do nome, mas eu o conhecia bem.

O ser se identificou como Caim.

Naturalmente, ter o primeiro assassino do mundo por aí seria perturbador para qualquer um. Acalmei o pai e enviei-lhe instruções detalhadas para romper os laços com Caim assim que ele terminasse a mudança. Até o momento, nenhum outro incidente foi relatado e a família está em uma nova casa aqui em Idaho.

Na mesma semana desta revelação, uma visita apareceu em meu quarto quando eu voltava do trabalho. Era pouco depois das 3 da manhã, eu estava praticamente derrotado e indo direto para a cama. Ao entrar no meu quarto, observei uma mulher sair do que parecia ser um portal se fechando. Apenas sentir a energia saindo dela era avassalador.

Não que ela fosse algo negativo, na verdade, muito pelo contrário, ela era muito maternal... sua frequência denotava que ela era antiga. Ela se identificou como Eva, como em A Eva do Jardim do Éden. Ela sentiu a necessidade de me mostrar algo em relação a Caim, algo que ela sentiu que me ajudaria a entender quem e o que eu estava enfrentando.

Eva colocou a mão na minha têmpora, instantaneamente me mostrando o Jardim do Éden através de seus olhos... Caim não era filho biológico de Adão... Adão sabia disso e foi o primeiro padrasto abusivo... Caim foi manipulado para matar seu irmão, ficando do lado de forças mais sombrias... com quem ele estava do lado?

Ele parecia familiar, quase idêntico ao "homem dragão" que vi no dia em que minha madrasta me esfaqueou... isso foi há muito tempo. Eve parecia me conhecer, saber sobre mim, saber que eu era alguém que provavelmente poderia ajudar a mudar a maré... por quê?

Porque, segundo ela, eu era muito parecido com o filho dela, mas me tornei algo melhor como ela esperava que ele fosse.

NOVEMBRO - DEZEMBRO DE 2020

Perto do Natal, minha avó e minha mãe estavam tentando pensar em algum tipo de plano para afastar minha prima mais nova, -censurada-, de sua mãe. Houve indícios perturbadores de alguns abusos desagradáveis ocorridos nas mãos do mais recente namorado da minha tia e suposto pai de seus dois filhos mais novos. Eles moravam em -censurado- na época, a cerca de três horas de carro da minha localização. As visitas eram raras. Tudo que eu sabia com certeza era que os filhos da minha tia não estavam atentando contra suas próprias vidas antes da chegada do "padrasto". Bem, em 24 horas, -censurado- ligou para minha avó e pediu para vir ficar com eler porque sua mãe a jogou em um manicômio por dizer que seu "padrasto" a molestou e disse -censurado- que ela não poderia voltar para casa.

Isso foi depois de -censurado- ter procurado DUAS VEZES para obter ajuda, porque sua mãe estava deixando esse pedaço de merda machucá-la.

Somos censurados, descobrimos o quanto está acontecendo. -censurado- entrou em contato algumas vezes antes para tentar nos contar sobre o abuso que a levou a um ponto onde ela pensava em suicídio, todas as mensagens encaminhadas às autoridades imediatamente. Convenientemente, fui "banido" da casa da minha tia pouco depois. Mas a extensão do que - censurado - revelou honestamente fez com que provavelmente fosse melhor eu nunca mais ver minha tia.

-censurada- recebeu alta do centro de saúde mental para um intervalo de duas semanas, que passou na minha casa. Aparentemente, era para ser um feriado para pacientes de longa data, para que pudessem passar mais tempo com a família e reunir suas coisas. Minha tia nem deixou meu primo ficar com isso. Toda essa bagunça foi de partir o coração de assistir.

Quando -censurado- saiu, fiquei honestamente com o coração partido. Ela era uma das minhas primas de quem eu era mais próximo, e saber que alguém deliberadamente deixou isso acontecer teria tornado qualquer defesa de "crimes passionais" discutível se eu fizesse alguma coisa. Eu precisava de uma distração, algo para tirar minha mente do quanto - censurado - precisava de ajuda, mas não pude fazer nada. Recebi uma notificação no Twitter sobre um grupo paranormal internacional, -censurado- procurando membros, e imaginei que diabos. Eu me inscrevi, subi rapidamente na hierarquia, então... bem... eu testemunhei uma batalha entre o Céu e o Inferno, literalmente.

Isto foi guerra

Minha tentativa de fazer um documentário, "The Hunt for Olivia", foi escolhida por um novo serviço de streaming baseado em paranormal, com imagens adicionais de investigação. Minha atenção foi trazida para esta plataforma de streaming por um dos ex-chefes da "The Company", que me fez ajudá-lo a editar alguns clipes de investigação para ele. Trabalhar com este homem gerou alguns conflitos e, sem saber em quem realmente confiar nesses assuntos, me afastei e busquei meus próprios interesses. Foi uma jogada inteligente de se fazer? Provavelmente não, não se fez muito com isso, mas ainda é bom sair e experimentar.

Eu estava visitando um amigo em Coeur d'Alene no fim de semana do Dia dos Namorados. Por -censurado- consegui ter acesso a uma rede Wi-Fi decente para poder assistir às transmissões ao vivo que fizemos para promover a empresa. Conversaríamos sobre atualizações da empresa, casos de pesquisa, diversas formas de fenômenos, etc...

Eu estava continuando minha pesquisa para o documentário censurado. -censurado-foi baseado internacionalmente e reuniu relatórios de todo o mundo. Aparentemente, surgiu um caso censurado que levou uma ampla alocação de recursos da empresa para descobrir a verdade. Durante a transmissão ao vivo, parecia que alguém não estava feliz.

Sombras correndo ao redor das pessoas, vozes misteriosas, rosnados, tudo começou a assustar o público, mas estava longe de ser o pior. Sabendo que eu tinha experiência contra isso, o CEO me pediu para falar sobre minha teoria predominante sobre o assunto. Quando eu disse que o -censurado- era Caim, a batalha havia começado.

No Reino Unido, um de nossos membros me enviou uma mensagem sobre uma sensação de queimação na garganta e que estava tossindo sangue.

Outro membro afirmou que uma enorme rajada de vento entrou pela porta da frente, seguida por sombras e uma sensação profunda e fria de pavor.

Texas, uma mulher afirmou ter visto três seres avaliando-a. A pele ao redor de sua garganta parecia comprimida como se uma mão invisível a estivesse sufocando.

West Virginia, outra mulher apresentava vermelhidão e falta de ar na garganta.

Idaho, comecei a sentir um arrepio na espinha, meu sistema sobrecarregando. Sinceramente, parecia que tive uma convulsão. Tive que me desconectar para me recalibrar. Na outra tela que levantei, observei enquanto mais pessoas caíam, deixando os três sobrecarregados. Enquanto um dos caras, -censurado- que permaneceu, começou a sugerir o fim da transmissão, recapitulando os acontecimentos, outro senhor, -censurado- começou a agir de forma estranha. -censurado- inclinou-se em direção à sua webcam, como se tentasse olhar "através da tela", imediatamente colocando o medo em -censurado-. Se alguém tivesse que descrever a vibração vinda de

-censurado- seria melhor descrito como "Eu ganhei, o que você fará agora?"

Por um breve momento notei algo. À medida que -censurado- mencionava meu nome, -censurado- estremecia como se a simples menção de mim desencadeasse uma resposta no estilo PTSD. -censurado- disse meu nome novamente e aconteceu a mesma coisa. Talvez eu tenha encontrado uma maneira de acabar com isso. Meu problema era que -censurado- tinha vários filhos pequenos em casa e estava dentro e fora da quimioterapia, isso poderia ter piorado muito rapidamente. Mas a inação foi a única coisa que garantiu um resultado pior.

Deixei uma mensagem para "Deixe-me entrar, posso encerrar isso" no chat da transmissão ao vivo, pois apenas dois permaneceram na tela. -censurado- tinha saído, saindo -censurado- com o nosso -censurado- na horae. -censurado- estava tentando fazer com que -censurado- falasse, mas suas palavras caíram em ouvidos surdos. Minha conexão com a web aguentou e consegui intervir. -censurado- rapidamente mostrou medo, mas tentou escondê-lo.

"Eu sei quem você é. Eu sei o que você quer. Deixar. Ele. Ir."

-censurado- balançou lentamente a cabeça negativamente.

"Agora," minha voz reverberou.

O ser que tomou influência de -censurado- quebrou a conexão, mas longe de querer. Demorou alguns minutos para -censurado- se recompor e a transmissão ao vivo continuou.

Antes de começar a brincadeira, perguntei -censurado- o que ele viu enquanto estava inconsciente, ao que tudo o que ele disse foi "Você já sabe".

FINAL DE FEVEREIRO DE 2021

À medida que se progredia no sentido de ajudar a curar as pessoas mais afectadas pelo ataque de Caim a -censurado- houve a visita de um grupo bastante invulgar. Potencialmente o próprio Lúcifer. Lúcifer parecia preocupado com um dos membros mais afetados pelo ataque, bem como com a ausência da entidade acompanhante ligada a este indivíduo, que se identificou como Lillith. Lúcifer estava implorando por um favor, apelando para o meu lado que começou a captar sentimentos românticos por -censurado- para justificar minha participação no que equivaleria a uma missão de resgate. Lilith havia desaparecido. -censurado- não foi nem capaz de senti-la. Houve um corte deliberado... Lúcifer tinha uma ideia aproximada de para onde ela havia ido, mas havia algo o impedindo de se aproximar de Lilith. Foi aí que ele precisou da minha ajuda. Eu podia sentir que esse ser, fosse Lúcifer ou não, era genuíno em seus apelos... na verdade, tive a sensação de que ele estava preocupado que eu pudesse machucá-lo.

Foi sob esse pretexto que concordei.

A próxima coisa que percebi foi que Lúcifer passou a mão na minha testa e fomos transportados para algum lugar escuro. Eu parecia... brilhar... a luz do meu ser iluminando o meu entorno. Houve sussurros, as gotas de água ecoando através de elaborados sistemas de cavernas. Parecia que de alguma forma tínhamos ido para o subsolo, mas o estado em que me encontrava fazia com que o espaço parecesse muito mais vasto do que eu imaginava.

Segui Lúcifer descendo alguns degraus, vendo trepadeiras agarradas às paredes, até chegarmos a uma grande abertura da qual Lúcifer parecia protegido. Ele não conseguiu passar, não importava seus esforços, mas não fui impedido pela barreira.

Ando mais longe, encontrando uma abertura iluminada por uma grande chama. Um rio passava, mais plantas parecidas com videiras cresciam nos arredores, tudo levando a uma grande pedra plana onde uma mulher estava deitada de lado. Era Lilith, espancada e abalada por Caim. Demorou um pouco para ser convencido... o fato de que -censurado- me viu como um amigo e a posse revelou que Cain tinha medo de mim, não demorou muito para eu chegar até Lilith. Ela se desculpou... a situação era demais, garantindo-me que voltaria ao -censurado- em alguns dias. Foi então que a visão induzida por Lúcifer parou...

Na manhã seguinte, recebi uma mensagem -censurada- confirmando que Lilith havia de fato voltado. De acordo com -censurado-, Lúcifer confirmou que havia solicitado minha ajuda.

Para onde ele me levou? Inferno? Hades? Interior da Terra? Com tudo o que surgiu, estou reavaliando quase tudo.

A seguir está um relatório resumido dos eventos durante e após os ataques censurados:

Entidade: -censurada-

Também conhecido como: Homem das Sombras

Senhor das Sombras

Morte

Localização: Mundial

Classificação: Entidade Inteligente Perigosa

Provavelmente Nefilins

Potencialmente divino

AVISO:

Esta entidade demonstrou potencial para causar danos significativos ou até morte. Aqueles que sentem que podem não estar no melhor estado de espírito provavelmente deveriam evitar ler este texto em detalhes, pois isso pode torná-lo um alvo suscetível. O Homem do Chapéu é altamente inteligente, provavelmente mais antigo do que quase todas as práticas religiosas conhecidas pelo homem, e provou ser capaz de quase todas as supostas formas de ataque espiritual. As informações pessoais envolvendo vários indivíduos serão mencionadas neste relatório apenas para fins simples de documentação e referência. Esta informação foi compartilhada pelos indivíduos em questão e NÃO tem, de forma alguma, a intenção de discriminar nenhum deles. Para a segurança dos civis fora da empresa e que não compareceram ao público, os nomes foram alterados.

Resumo:

Identificada pela primeira vez pelo autor -censurado- é uma entidade que visita inúmeras pessoas aparentemente em momentos de trauma pessoal. A maioria das testemunhas oculares relata que ele aparece em momentos de problemas de saúde mental, violência doméstica e uso de drogas. Freqüentemente, ele aparece na cama à noite, no quarto do alvo pretendido, e apenas observa. Ele também é conhecido por aparecer em locais de tragédias significativas que podem responder às circunstâncias mencionadas acima. Parece mais comum que os indivíduos relatem visitas desta entidade por volta da puberdade. -censurada- criou um ponto de contato em seu site oficial para enviar encontros com a entidade ou solicitar sua ajuda. Ela também publicou dois livros sobre o eentidade, pessoas sombrias em geral, e como lidar com elas. Sua editora e ela mesma também registraram os termos -censurados-, supostamente como um esforço para limitar a desinformação e evitar maiores danos às vítimas em potencial.

Encontro Pessoal:

Não sei há quanto tempo esta entidade está de olho em mim. O mais cedo que posso explicar algo semelhante à sua presença foi aproximadamente aos três anos de idade. Isso foi depois que minha vida quase foi tirada pela minha madrasta, mas eu pude revidar. Aos quatorze anos, descobri que meu pai estava sendo acusado de agredir sexualmente uma de minhas irmãs; e isso motivou outra visita desta coisa. Só que desta vez ele falou, oferecendo-me um acordo para me juntar a ele em troca da morte do meu pai. Quanto ao quê, não sei. Outras vozes que surgiram perfuraram a minha enquanto eu gritava para que ele fosse embora, e isso pareceu dissuadi-lo.

Outras vezes, quando parecia que as circunstâncias envolviam mais violência doméstica, tendências suicidas, episódios violentos e psicóticos, etc... Para referência de localização - o incidente envolvendo a faca e minha madrasta ocorreu em novembro de 1999. Em 2001, de alguma forma, transportei 30 milhas longe de casa. Felizmente, o local que encontrei foi a casa dos meus avós, provavelmente em resposta a um possível trauma (foi sugerido teletransporte psíquico ou abdução alienígena). Quando soube das acusações contra meu pai e do acordo subsequente, era junho de 2012.

Pesquisa Preliminar:

Fora do livro -censurado-, não havia muita informação presente para compreender completamente esta entidade ou suas motivações, fora os sentimentos desconfortáveis que numerosas testemunhas alegaram receber. Como este era um padrão contínuo, a investigação oficial, como "Especialista no Estranho" e outros títulos anteriores, foi suspensa até novo aviso. O procedimento padrão foi, e de muitas maneiras, orientar os clientes na superação dos traumas que podem ter desencadeado as aparições do Homem do Chapéu. Eventualmente, ele perderá poder e interesse. Com esse véu de mistério, parecia que a entidade era relativamente inofensiva, apenas uma figura que se alegrava o suficiente com os infortúnios a ponto de poder influenciá-los. Mesmo as menções a esta entidade, e possivelmente a um fenômeno relacionado, são consideradas iscas para mais problemas.

Uma mudança:

Durante anos, arquivei a investigação sobre esta entidade, pois nada de novo parecia surgir. No entanto, em uma conversa casual com minha ex, -censurada-, fui informado de seu encontro com o -censurado-. Curiosamente, mostrou um desvio de comportamento. Ao visitar um ex-namorado no verão de 2015, ela relatou que algo bateu na porta do banheiro e a manteve fechada. Isso foi certo, pois uma aparição de sombra que correspondia à descrição do -censurado- puxou uma faca e atacou seu ex-namorado. Escusado será dizer que o relacionamento não durou muito depois. -censurado-

conseguiu atender a todos os critérios mencionados acima para vitimologia -censurada- por falta
de um termo melhor. Ela tinha sinais aparentes de
agressão sexual na infância e relacionamentos ób-
vios e tensos com os pais. Foi severamente abusado
quando criança, a ponto de faltar grandes pedaços
de memória.

Como infelizmente é comum para a maioria
das jovens com essa mentalidade, ela frequentava
relacionamentos abusivos que podem ou não tê-la
lembrado inconscientemente daqueles tempos. Ela
nunca teve coragem de compartilhar toda a extensão do que aconteceu comigo, além de se sentir es-
timulada ao ver cenas de "sala de matar" da série
"Dexter" da Showtime. A narração deste encontro
despertou ainda mais interesse no fenómeno
porque quaisquer desvios diferentes proporcionar-
iam uma melhor compreensão. Comparações entre relatos de outras testemunhas oculares
censuradas sugerem muito pouca mudança no
modus operandi. No entanto, outro padrão ligado
diretamente a episódios de paralisia do sono desperta ainda mais curiosidade.

Isso implicava uma "sombra alta e esbelta"
acima de uma testemunha pouco antes de adorme-

cer ou de ser despertado de um sono profundo, mas ainda não totalmente consciente. É preciso notar que essas visões se qualificam como hipnagogia ou hipnopômpica (dependendo se o sujeito está adormecendo ou acabando de acordar, respectivamente). Para aqueles que não estão familiarizados com os termos hipnagogia ou hipnopômpico, estes descrevem um estado mental alucinógeno. Isso faz com que os visuais de um estado de sonho ainda projetem os visuais de um sonho no mundo desperto para os leigos. Aqueles familiarizados com realidade aumentada podem estar mais familiarizados com os conceitos. Como tais estados são frequentemente desencadeados por estresse, o potencial desta entidade também aparecer na mesma época não está fora de questão, se não for uma alucinação completa de um cérebro sobrecarregado.

Surto:

A insanidade da pandemia de COVID-19, e de 2020 como um todo, finalmente mudou o rumo da investigação. Deixei uma postagem no Reddit pedindo histórias relacionadas ao   -censurado- Uma resposta de um usuário anônimo me indicou BretoNa mitologia para ver versões do que seria mais conhecido como o "Grim Reaper" ou um servo da própria Morte. Esta versão é conhecida como Ankou. Tal como acontece com a maioria das versões de mitologias em todo o mundo, existem variações regionais. O Ankou às vezes é descrito como um homem ou esqueleto com uma túnica preta e um grande chapéu para esconder o rosto. Às vezes, ele pode até aparecer apenas como uma aparição sombria. Uma história que tenta explicar as origens do Ankou afirma que ele é a última pessoa, geralmente do sexo masculino, a morrer no ano anterior. Outro relatório diz que pode haver vários Ankou ao mesmo tempo, cada um permanecendo em uma região específica. Talvez a mais interessante das histórias seja que Ankou não é outro senão o filho primogênito de Adão e Eva; Caim, também conhecido como o pai do assassinato.

À luz desta informação, mais pesquisas precisavam ser feitas sobre os eventos ocorridos no Jardim do Éden que levaram Caim a se tornar um assassino. Era essencial não focar em um único texto religioso. Em vez disso, analise todos os relatos para ter uma ideia de como o Homem do Chapéu pode estar conectado se houvesse algum potencial para ser um remanescente dos primórdios da humanidade. Olhando para a tradição judaica, uma informação sobre a serpente no Jardim do Éden foi interessante. A maioria pensaria na serpente do Jardim como ninguém menos que Lúcifer. No entanto, este não é o caso, mas muito possivelmente um caso de identidade equivocada. Lúcifer está listado como um anjo caído, sim. Não importa que texto religioso alguém deva ler, ele não é a figura que hoje podemos imaginar em associação com "Satanás". Examinando as traduções hebraicas de vários textos, descobriríamos que "Satanás" foi, de fato, usado como um verbo para denotar um "oponente, adversário, etc..." Somente quando prefixado com "Ha", como em "Ha Satan", a palavra serve ao propósito de um substantivo ou título.

Indo para as primeiras traduções de textos judaico-cristãos, apenas uma entidade foi chamada assim diretamente. Esse ser foi chamado de Samael, um arcanjo que governou a própria Morte e foi especulado como o "pai biológico" de Caim. Depois de duas semanas, recebi um telefonema na minha linha direta, bem quando eu voltava do trabalho para casa, que dizia respeito a uma família da Carolina do Norte. Imediatamente, a vibração geral da ligação apenas indicava que algo sinistro estava acontecendo. Quaisquer que fossem as questões em jogo, as minhas obrigações morais obrigaram-me a analisar mais profundamente a situação. O cliente mencionou que tudo o que estava ligado a ele parecia estar mudando o foco para seu filho de três anos. A conversa levou cerca de três horas para ser concluída. Depois que tempo e esforço suficientes foram estabelecidos para construir a confiança do cliente, ele compartilhou todos os sinais típicos de influências demoníacas. Cheiros estranhos, arranhões profundos, coisas jogadas ao redor, quase todos os sintomas clássicos.

Quando o cliente, o pai da família, estava sozinho em casa, uma entidade específica que correspondia à descrição -censurada- aparentemente se sentava e conversava com ele sobre assuntos de que o pai gostava. Quando algo falava mal da entidade, objetos pareciam ser jogados na direção das pessoas para alertá-las para não falarem. Havia também um cômodo específico na casa, que a esposa chamava de "Quarto da Morte", onde parecia que apenas entrar nele causaria uma doença física. À medida que nossas conversas continuavam, ele admitiu que houve um incidente em que essa entidade o agarrou pelo pescoço no meio da rua e o jogou contra um carro próximo. Do outro lado da ligação, pude ouvir o senhor andando pela sua casa. Enquanto ele caminhava para deixar o cachorro da família sair, uma voz secundária surgiu, que parecia a de uma criança pequena.

A família era composta por marido, esposa e um filho de três anos. A esposa e o filho já foram transferidos para uma cidade em Idaho. Ao perguntar ao marido sobre a voz, ele perguntou se parecia a de uma criança de cinco a sete anos. Aparentemente, a esposa sofreu um aborto espontâneo nesse período. Não é incomum que crianças abortadas visitem seus futuros pais. O fato de a suposta criança ter gritado as palavras: "Se você não desligar esse telefone agora, sua putinha, eu mato você", foi sinal de alerta suficiente para justificar um estudo mais aprofundado. Perguntei ao marido se em algum momento dessas conversas a entidade se identificou. Obviamente, a entidade estava tentando estabelecer confiança, então se vocês vão ser amigos de alguém, obviamente precisam saber o nome um do outro. O nome dado foi "Caim", e Caim estava tentando recrutar o marido com promessas de ser um "general" em seu exército (como disse o marido). Forneci à família um sigilo de proteção que desenvolvi com a ajuda do arcanjo Miguel. Foi inicialmente criado em resposta a um caso em Pittsburgh para ajudar uma família perseguida pela alma corrompida de um estuprador e assassino de crianças. Este caso atraiu atividades OVNIs durante toda a sua duração e até chamou a atenção de Ed e Lorraine Warren.

Ao escrever este relatório, não se sabe se esses fatos são relevantes além de ilustrar omagnitude do caso. O espírito negativo era um homem que provavelmente estuprou e assassinou duas meninas conhecidas. Com o sigilo administrado, a atividade foi encerrada em ambos os casos. Quanto à família da Carolina do Norte, deve-se notar também que o pai me admitiu ter experimentado o uso recreativo de DMT desde muito jovem. DMT é uma substância química que alguns acreditam estar ligada ao fenômeno espiritual. O filho demonstrou desde cedo "sensibilidade" a elementos paranormais, o que pode ter sido influenciado pelo uso de DMT por seu pai (que ocorreu muito antes de a criança nascer). Ainda assim, é provável que ele supere isso com o tempo.

Poucos dias depois do encontro com a família na Carolina do Norte, apareceu em meu quarto uma figura que se ofereceu para revelar informações úteis ao caso. Sua aparência era baixa, com cerca de um metro e meio de altura. Escondido no véu de sombra que ele projetava, jurei que conseguia ver as curvas de uma mulher. Os olhos da figura pareciam surgir primeiro da capa, com um sorriso gentil e acolhedor. Pude perceber mais detalhes de sua aparência conforme ela se revelava. Ela parecia descendente do Oriente Médio, com olhos castanhos brilhantes, pele morena e cabelo preto encaracolado. Perguntei-lhe o nome dela, e sua resposta foi: "Tive muitos nomes, mas você me conhece como Eva". Eva se aproximou de mim, colocou a mão na minha têmpora e começou a me mostrar visões do que eu só poderia presumir ser o Jardim do Éden. Tive uma sensação de familiaridade como se já estivesse lá antes. Eve começou a me explicar seu caso com Samael. Ela mostrou como Adão maltratou ela e Caim por causa da provação, com Caim guardando profundo ressen-

timento e raiva que cresceram com o abuso. Finalmente, ela o mostrou tirando fotos.

Abel era o típico irmão mais novo e irritante
que Adam preferia e parecia se gabar de ser o filho
"favorito". Este foi o momento em que Caim foi
levado a assassinar seu irmão, levando à famosa
maldição. Pela mão de Eve, pude ver o ato acontecer. Abel conseguiu acertar um bom golpe ao acertar uma pedra no rosto de Caim. Ao perceber
o que havia acontecido, Abel tentou implorar por
misericórdia, o que só irritou ainda mais Caim.
Esta é provavelmente a verdadeira origem da
"Marca de Caim". Avistamentos do "rosto verdadeiro" de uma figura do Hat Man mencionam
possível tecido cicatricial no lado direito do rosto.
Um mês depois, uma mulher me contata sobre
postagens online. Fiz histórias questionadoras sobre o Homem do Chapéu e perguntei se sabia de
alguma coisa. Ao saber que eu havia feito um
episódio do meu podcast dedicado às minhas descobertas até aquele momento, ela foi inflexível em
ouvi-lo antes de falar comigo. Ela logo voltou para
mim assustada, explicando que estava sendo visi-
tada por aquela coisa na época em que seu filho de
5 meses nasceu. Ela ficou assustada quando a enti-

dade pareceu focar no bebê. Porém, ela ficou ainda mais nervosa com a notícia de que a verdadeira identidade do Homem do Chapéu era Cain, já que esse foi o nome que ela deu ao filho. Ela recebeu o sigilo para ajudar a afastar a criança e não teve mais encontros com a entidade.

Digite "A EMPRESA":

Utilizei meu serviço de gerenciamento de mídia social para postar frequentemente um aviso em minhas várias páginas. O objetivo era começar a reunir mais histórias para traçar um documentário em potencial para explorar ainda mais o fenômeno além da narrativa "ele é simplesmente mau" que está presente atualmente. Ao coletar mais histórias, -censurado- iniciou um esforço global para coletar mais informações sobre a entidade. Durante os estágios iniciais, foi feita uma tentativa de falar diretamente com Heidi. Infelizmente, a marca registrada do termo fez com que qualquer discussão além dessa fosse inexistente. O seu raciocínio por trás da mudança foi utilizar métodos legais para conter a disseminação de desinformação que poderia levar a mais danos ou morte.

No entanto, sua maneira de falar sugere que ela está mais interessada em capitalizar sua "descoberta". Sendo esse o caso, a investigação avançou. A prioridade era estabelecer um cronograma de onde e quando essa coisa apareceu e reunir depoimentos completos de testemunhas oculares. Eu tinha minhas dúvidas sobre essa abordagem. Parecia fortemente enraizado em episódios envolvendo traumas graves que muitas vezes ficam obscurecidos enquanto a mente tenta se proteger. Ainda assim, foi a melhor coisa a seguir. Muitos começaram a simplesmente copiar e colar relatórios de postagens na página de mídia social Reddit, alguns dos quais foram retirados de respostas às minhas postagens. Esta abordagem pode parecer bastante simples para o novato, mas obviamente provou, parcialmente, a principal falha que me preocupava. Graças a uma sequência de ataques nos dias 12 e 13 de fevereiro durante transmissões ao vivo no canal censurado do YouTube, esses assuntos foram logo esquecidos.

Como se tivesse sido convenientemente planejado, a maior parte dos danos ocorreu no dia 13, quando a entidade eliminou os membros do painel, um por um, aparentemente viajando milhares de quilômetros em questão de minutos. Isso fez com que um membro, censurado, fosse possuído e prontamente exorcizado no ar; e o encerramento oficial da investigaçãoprovocação. Nas semanas que se seguiram, a equipe enfrentou uma quantidade incomum de traumas mentais dentro da empresa. Um desses membros ainda teve que tirar licença para saúde mental devido a circunstâncias pessoais, -censurado-. A análise do áudio coletado por mim mesmo durante esses ataques retornou as mensagens "Pare de nos caçar", "Destrua-o" e os nomes de dois membros explicitamente nomeados como alvos. Esses membros foram -censurados-.

Provavelmente, várias entidades apareceram nessas gravações, mesmo aquelas que tentaram ajudar a equipe. Um outro membro, -censurado- que estava no foco do ataque, alegou que ficou com babás designadas pelo -censurado- Devido a comportamentos hostis de -censurado-, não se sabe se esses relatos são precisos ou não. Infelizmente, a suposição mais segura a esse respeito seria presumir que eram, de facto, falsas. Os esforços são melhor alocados para ajudar ainda mais outras vítimas. Uma última parte que deve ser observada é que outro membro que não estava no painel, -censurado- também foi atacado ao tentar realizar proteções de Reiki. Em comparação, o ataque foi leve, com sintomas semelhantes a uma leve queimadura solar. Ela foi rapidamente aconselhada a se afastar para proteger a si mesma e a seus filhos pequenos.

No escuro:

Tive a sensação de que Hat Man não iria simplesmente nos deixar em paz. Isso é algo que poderia simplesmente dar um passo para a esquerda e ver o mundo inteiro de sua vítima, até cada movimento de seus órgãos internos e cada pequeno pensamento em sua mente. Dê o passo certo e estará a milhares de quilômetros de distância.

Continuei a investigação, reunindo mais relatos de encontros, e mais padrões preocupantes surgiram. Um deles envolvia um jovem que jurou vingança contra a entidade pela morte de seu pai e melhor amigo. Outro envolvia uma mãe preocupada com sua filha de três anos que frequentemente gritava: "Vá embora, homem das sombras!" Isso seria pouco antes de ela alegar que algo a empurrou escada abaixo. Outra foi uma mulher que relatou ter lidado com visitas intensas de pessoas das sombras antes de manter contato mínimo com -censurado- para respeitar sua necessidade de cura. Ainda se recuperando da experiência, provavelmente devido a lembranças de traumas passados, -censurado- fez com que todos os registros da entidade fossem apagados dos sistemas -censurados- para evitar encorajar indivíduos despreparados a instigar outro ataque. Não sei se isso foi coincidência ou se foi por alguma ligação psíquica, mas depois de algumas semanas o trabalho anterior foi feito para começar a cortar as energias escuras que cercam ambos -censurados-. As energias ocultas foram trabalhadas em resposta às conexões graves, começando primeiro com -censurado-, pois ela alegou que o -censurado- deixou para trás outro -censurado- para observar ela e a equipe. Tentei fazer um acordo com o -censurado- que lhe oferecesse uma chance de espalhar seu terror sem ter que levantar um dedo, em troca de se afastar do -censurado-.

Isso foi para ganhar tempo e depois orquestrar um contra-ataque inteligente contra o -censurado- para torná-lo impotente fora de possíveis deveres como uma versão do Grim Reaper. Em poucas horas -censurado- entrou em contato para relatar que as entidades haviam desaparecido. Aparentemente houve uma conversa entre as entidades que envolveu a menção do "O Conhecedor". Depois que -censurado- foi informado do acordo, ela percebeu que eles estavam falando de mim. Eu ponderei sobre uma ideia apresentada por -censurado- de usar a prática do ocultismo para criar alguma forma de -censurado- para combater quaisquer ataques futuros. Outro sigilo foi projetado para ajudar a criar o ser, mais tarde apelidado de "Cavaleiro da Luz". O nome foi escolhido através de contraste poético para promover a intenção de ser uma entidade protetora; energias de ligação do arcanjo Miguel para combater a influência potencial do único ser conhecido como Satanás. Algumas semanas após a circulação desta imagem, a mulher cujo filho estava sendo perseguido por um -censurado- apresentou-se e o Cavaleiro da Luz Sigil mencionou que sua filha de quatro anos alegou que foi salva pelo "Cavaleiro da Luz". O curioso foi que durante uma videochamada a menina me viu do outro lado da linha e ficou animada, gritando: "Mamãe, ele é o Cavaleiro". Nenhum outro incidente foi relatado. Na mesma semana -censurado- começou a se recuperar lentamente de seus tratamentos o suficiente para aparecer mais na empresa. Foi notado em algumas ocasiões que uma figura sombria podia ser vista atrás -censurada-, observando-o. Especula-se que este seja o mesmo "observador" que -censurado- experimentou em sua própria casa.

Meses depois, nos bastidores para um hangout pós-show após uma gravação de -censurado- afirmou que ele queria trazer à tona o tópico dos anjos por algum motivo estranho e por ter sido fã de meus trabalhos anteriores através da rede de streaming paranormal -censurado- a discussão mudou em meu primeiro encontro com a garotinha conhecida como Olivia. Ao ouvir essa discussão, -censurado- revelou ter sonhos envolvendo uma garotinha estranha que ele conhecia.já nos conhecemos antes. Quando ele deu uma descrição aproximada da aparência da menina, isso despertou em mim uma familiaridade suficiente para investigar mais a fundo.

Como eu faria isso? Bem, convenientemente, eu tenho um tio por parte de mãe -censurado- que fisicamente parece ser meu irmão gêmeo. Crescendo, estávamos confusos um com o outro o tempo todo. -censurado- tem três filhos, um menino e duas meninas gêmeas, que não só parecem que poderiam ser minhas, mas todos tiveram fases em que me chamavam de pai. Tirei uma foto de bebê de uma das gêmeas e -censurado- fiquei histérico. A foto do bebê era quase idêntica à da menina que ele viu, mas ele alegou que a visitante dos seus sonhos era alguns anos mais velha. Procurei uma foto que mostrasse eu e as duas meninas, que tinham cerca de três anos na época, e - censurada - surtei ainda mais. A única outra pessoa que acreditava ter visto Olivia foi -censurada-, a ideia anteriormente sustentada de que minha filha em potencial só era visível para a família de sangue foi descartada quando -censurada- veio à tona. A razão pela qual não foi censurado foi porque ela e eu descobrimos que tínhamos heranças genéticas semelhantes, então a possibilidade de sermos de alguma forma parentes distantes foi ponderada, mas ainda não comprovada. -censurado- também forneceria ainda mais informações.

Quando a investigação sobre o Hat Man começou -censurado- foi o único membro a se manifestar sobre ter experiência anterior com a entidade, que envolvia ataques físicos ocorridos quando ela tinha cerca de quatorze anos. Ela também se lembrou de pesadelos em que estava sentada na escuridão total e via a verdadeira face do Chapéu do Chapéu apenas olhando para ela de cima. Outros pesadelos que ela acreditava estarem ligados à entidade partilhavam todos o mesmo tema geral de estar sozinho num momento de crise, possivelmente reflectindo medos internos de não ser "bom o suficiente" para relacionamentos saudáveis. Após o ataque, ela teve que tirar uma licença do -censurado- para lidar com problemas relacionados à saúde mental. Por respeito, opto por não entrar muito em detalhes sobre quais eram essas questões, pois não são relevantes para a situação em questão e para respeitar a privacidade dela.

Curiosamente, uma noite, tive um sonho que refletia os pesadelos recorrentes -censurados- que havia compartilhado comigo, aqueles em que ela estaria sozinha no escuro com o Homem do Chapéu olhando para ela de cima. Só que desta vez consegui interceptar o sonho e me aproximar do ser por trás para atacá-lo. No dia seguinte, -censurado- começou a se comunicar mais com os membros da equipe. Quando conversei com ela -censurado- e descobri que não só tínhamos idades próximas (ela nasceu em dezembro de 1995 e eu em janeiro de 1996), mas tínhamos perfis muito semelhantes em astrologia, habilidades psíquicas e genética herança. Ambos tínhamos ligações com entidades fortes, muitas vezes vistas como pólos opostos.

Pesquisas adicionais através de (9-5-8) / ajudaram a descobrir que ela e eu estaríamos aproximadamente à mesma distância de uma linha Ley menor. Essas conexões foram especuladas para possibilitar que -censurado- e eu trocássemos mensagens por meio do aplicativo Necrophonic, e que Olivia fizesse aparições entre nós dois. Foi por meio da censura que consegui obter informações suficientes para renderizar uma imagem de Olivia por meio de aplicativos semelhantes usados para envelhecer fotos de crianças desaparecidas. Enquanto gravavam episódios de seu podcast, eles conseguiram capturar a voz de uma garotinha dizendo "Ding dong" como se estivesse tentando chamar a atenção deles, bem como o que parecia ser uma "mamãe" cansada. O segundo EVP capturado gerou especulações de que -censurado- poderia ter sido sua mãe verdadeira, mas logo descobriria que a teoria não se sustentava muito à medida que surgiam informações que propunham a possibilidade de Olivia não estar viajando sozinha. A imagem de -censored- também foi usada para renderizar a foto de Olivia, com a qual -censored- mais tarde confirmaria ser uma correspondência exata.

Duas possibilidades emergem desta informação. A primeira é que Olivia não estava sozinha, mas era guiada pela "mamãe". Surgiram relatos de indivíduos que alegavam ter sensibilidade a energias paranormais, afirmando que Olivia parecia estar segurando a mão de alguém, mas a testemunha não conseguiu ver nenhuma figura. A segunda possibilidade, que ainda pode ter algum mérito, é que -censurado- tivesse alguma semelhança física com a verdadeira mãe de Olivia e a própria Olivia pudesse ter problemas de visão. Uma conexão entre -censurado- e eu seria testada ainda mais quando -censurado- uma mensagem de emergência começando com "Ligue para Dakota, acho que acabei de ver Olivia".

-censurado- havia mencionado que uma garotinha loira tinha sido vista na casa dele, desde antes de me conhecer, então é possível que Olivia esteja cuidando de certas pessoas há algum tempo, além de me visitar. A mensagem de emergência continha um SOS que detalhava -censurado- que viu Olivia momentos antes de ser atacada e potencialmente possuída por uma entidade sombria. Quando ofoi apresentada a possibilidade de posse, -censurado- e comecei a trabalhar em um exorcismo remoto para romper a ligação com -censurado-. Eu tive uma operação Necrofônica que ajudou a monitorar a situação. Olivia sinalizou quando a conexão com -censurado- foi cortada e ele logo ligaria para -censurado- e para mim. Foi quando soubemos que -censurado- estava sendo fisicamente obrigado a evitar o telefone a todo custo, sentindo a sensação de que algo estava crescendo cada vez mais irritado quando ele pensava em me ligar pedindo ajuda. A imagem renderizada de Olivia foi posteriormente mostrada -censurada-, ao que ele confirmou com a distinção que não conseguiu ver claramente seu rosto.

A menina do papai... do espaço sideral?

Pelo que sei, Olivia apareceu pela primeira vez na minha vida aos doze anos. Embora com os eventos recentes, ela possa ter existido há mais tempo, embora a possibilidade de a viagem no tempo permanecer deixe o estabelecimento de uma linha do tempo quase impossível. Olivia aparecia aleatoriamente sempre que minha mente entrava em um lugar mais sombrio, para oferecer palavras de encorajamento. Ocorreram três outros incidentes em que Olivia aparecia para me avisar de uma morte iminente, seja para oferecer apoio ou para me avisar de um perigo iminente. Renderização de "Olivia Hope" baseada em um total de 13 testemunhas.

O segundo encontro aconteceu no dia em que perdi meu avô materno, pai da minha mãe, devido ao câncer. Ela apareceu e se ofereceu para me deixar usar sua visão para ver os momentos finais de meu avô por meio de viagem astral. Eu estaria pessoalmente na sala, mas como irmão mais velho, fui encarregado de manter os mais novos e os cães trancados em uma sala separada para evitar que atrapalhassem o pessoal de emergência. Mal sabíamos ela e eu, meu avô estava em condições que lhe permitiam vê-la na sala. A terceira ocorreu em outubro de 2014. Sofri um acidente de carro, atropelado por uma caminhonete a 60 mph.

O impacto foi forte o suficiente para eu ficar inconsciente. Porém, acredito sem dúvida que Olivia apareceu no carro momentos antes do impacto, gritando "Papai! Olhe!" A terceira aconteceu em abril de 2016, enquanto eu estava em Paris, França. Meu grupo de turismo estava em um cruzeiro fluvial para admirar o show de luzes da Torre Eiffel quando de repente começou a chover. O grupo e outros no barco se esconderam no convés abaixo para se protegerem das intempéries enquanto eu permanecia na superfície. Um tapinha em meu ombro inicialmente me deu a impressão de que eu estava atrapalhando a foto de alguém. Quando olhei para trás para ver quem era, fiquei chocado ao ver que era meu avô lado a lado com Olivia. Os dois mencionaram que não iriam me visitar tanto quanto eles, pois eu não precisava mais tanto da orientação deles. Posso validar as gravações do EVP de vários casos que meu avô ainda verifica de vez em quando para ver aonde meus empreendimentos me levam.

Este relatório provavelmente não duraria tanto se Olivia parasse de aparecer. Com o tempo, percebi que os dois estavam apenas tentando me ajudar a continuar. Quanto ao motivo de Olivia se tornar mais ativa, isso ainda é especulação. Depois de ingressar na -censored- criei dois filmes para a rede de streaming -censored-, um intitulado "The

Hunt for Olivia", para explorar mais sobre o que eu sabia envolvendo o "Paradoxo de Olivia", como o chamei. O outro foi "Bonds of Beyond", projetado para explorar a sobreposição entre o fenômeno ET/OVNI e o Fenômeno Espiritual. Também deve ser mencionado que houve um experimento anterior intitulado "A Caça às Terras Infinitas" que inspirou ainda mais Bonds of Beyond.

Todos estes projetos trouxeram à tona uma série de nomes de entidades que podem estar demonstrando interesse.

Essas entidades são as seguintes:
Miguel, o Arcanjo
Gabriel, o Arcanjo
Metatron
Yeshua
Nome real de Jesus
Traduz-se diretamente para o nome Josué
Senhor?
Ele?
Ashtar?
Vrillon?
Atena?
-censurado-

Referido simplesmente como "John" em Bonds of Beyond

-censurado-

Foi baseado em informações ocultas reais

Várias pessoas envolvidas na criação censurada afirmam que o viram e interagiram com ele em nosso mundo

Depois que uma sessão de caixa de bebidas espirituosas foi realizada, uma mensagem de áudio foi deixada para Dakota com uma fonte inexplicável de ruído branco que dizia: "Se você pode me ouvir, -censurado- quer você".

Aleister Crowley

As comunicações da caixa espiritual foram realizadas para chegar a Crowley para ver se ele sabia alguma coisa sobre o -censurado-

Ofereceu ajuda na luta

Ao interagir com -censurado- mais duas entidades entraram em foco

Lúcifer

Lilith

-censurado- ofereceu dicas sobre mais entidades que valem a pena estudar, que se acredita estarem ligadas aos Pleiadianos.

Ártemis/Diana

Apolo

Experimentos de contato com OVNIs também foram conduzidos com foco nos membros do Comando Ashtar, produzindo imagens de vídeo interessantes do aparecimento de objetos estranhos. Ao direcionar a atenção para a tripulação de Ashtar, Olivia aparecia. Também deve ser mencionado que aparentementePor acaso, tive um sonho em que fui levado para um quarto de hospital futurista, onde uma mulher estava deitada na cama enquanto segurava um menino. Olivia estava sentada ao lado da mulher e ao perceber que eu estava ali, ela olhou para mim e disse: "Papai, venha conhecer meu irmãozinho". Quando acordei, a obra "Tachyonis" saiu da minha boca. Uma rápida pesquisa no Google revelou uma partícula teórica, especulada como estando envolvida em viagens no tempo, que foi reivindicada por vários grupos da nova era como sendo a fonte da capacidade de viagem espacial dos Pleiadianos. No dia seguinte, -censurada- (médium vidente) me mencionou que um dia precisava falar sobre minha experiência.

-censored-, que atende pelo nome de -censored-, também me deu uma "mini-leitura" através de uma chamada do Zoom onde a voz de Olivia veio pelo alto-falante. Todas essas interações ajudam a render ainda mais imagens da potencial mãe de Olivia e de uma versão adulta de seu irmão mais novo.

INFORMAÇÕES DE INDIVÍDUOS OMITIDOS DO REGISTRO PÚBLICO POR PRIVACIDADE

Projeto: Sombra de Cavaleiro

Com a influência adicional de extraterrestres, parece que -censurado- pode estar à beira de algo que mudará o mundo, esperançosamente para melhor. Não sei se é inteiramente verdade que meus próprios assuntos são um catalisador para a evolução desta série de eventos, mas como qualquer um pode ver, seria estúpido da minha parte não incluí-los. Eu realmente sinto que estamos deixando um rastro de migalhas que nos levará à verdade última sobre a realidade.

Também é dito que a maior regra de trabalho com o Comando Ashtar (ou Federação Galáctica) é que se eles se oferecerem para nos ajudar, NÃO PODEMOS reter essa informação para ganho egoísta. Se trabalharmos juntos, poderemos levar os esforços das nossas organizações a novos patamares. Este relatório não sinaliza o fim da investigação. Eu mesmo passei quase treze anos tentando entender a situação de minha filha. No entanto, ficou claro que isso faz parte de mim há muito mais tempo.

Minha herança familiar tem mais de 400 anos de sensitivos paranormais, médiuns, bruxas, o que você quiser (até onde eu sei). No ano de 2020, exatamente quando esses eventos com censura começaram, meu estado natal, Idaho, teve o maior número de avistamentos de OVNIs relatados nos EUA. Eu cresci em uma pequena cidade assombrada. O quarto onde tentei tirar minha própria vida foi o mesmo onde acabei após o possível incidente de abdução alienígena quando eu tinha seis anos. Foi também o mesmo quarto onde meu avô faleceu e viu Olivia pela primeira vez.

Lembro-me de visões do logotipo censurado. Há muita coisa aqui para que tudo seja coincidência. Seguindo em frente, sugiro aprofundar o estudo sobre o Comando Ashtar. Além de estabelecer um perfil mais detalhado sobre as formas censuradas e possíveis de desviar ataques futuros, apenas para garantir. Alguns dos padrões indicam que a futura viagem ao Japão pode ter algo mais à nossa espera, em territórios já perigosos. Pretendo pesquisar mais sobre métodos ocultos para fornecer segurança aos membros do -censurado- e ao público para quem divulgamos essas informações. Acredito que os japoneses têm um equivalente a bonecos de vodu que podemos usar como uma espécie de substituto caso sejamos atacados. Eu sugiro fortemente que mantenhamos certos dados pessoais para a proteção e respeito de todos os envolvidos, independentemente da situação atual ou de indiscrições anteriores. No caso de divulgar esta informação ao público, precisamos de alimentar as massas por gotejamento para atrair mais pistas potenciais que possam ser benéficas para a investigação.

Devido às restrições de marca registrada mencionadas acima, precisaremos chamar o -censurado- por outro nome. Posso sugerir o nome "Senhor das Sombras", como me refiro a ele em meu livro "Dear Kota: Time to Fess up". Quando estivermos prontos, poderemos apresentar nossas descobertas ao público. Esta pode ser uma oportunidade para aprofundar o foco da empresa na melhoria da saúde mental. Em vez de retratá-lo como um documentário de terror, minha ideia é algo mais parecido com uma apresentação formatada do Vingador. Todas as formas de pessoas, dentro e fora do mundo, unindo-se para combater um inimigo comum e melhorar o mundo à medida que avançamos. Isso também fornecerá maneiras de comercializar outras marcas relacionadas à censura e dará aos membros participantes a oportunidade de promover seus próprios trabalhos. Se isso vai funcionar, precisamos de todos. Os membros ativos do -censurado- listados neste documento devem ter prioridade máxima na união.

Também estarão disponíveis oportunidades para outros participarem.

Revelações Extraterrestres

"Enfermaria Marciana"

Aparentemente uma noite normal, já que os ataques censurados pareciam estar chegando ao fim, fui levado para o que parecia ser um quarto de hospital saído de Star Trek, sendo conduzido por um homem com longos cabelos castanhos que tinha mais ou menos a minha altura. Portas metálicas se abriram lateralmente, revelando uma mulher deitada em uma cama segurando um bebê recém-nascido. Olivia estava com a mulher, pendurada no ombro dela. Olivia percebeEstou na sala e digo: "Papai, venha conhecer meu novo irmãozinho". Ando até o lado da mulher e sorrio para o bebê recém-nascido, que se parecia muito comigo. A imagem da mulher estava de alguma forma bloqueada como um personagem oculto em um videogame.

Enquanto olhava para o menino, dando um beijo em minha filha, olhei para uma ampla janela à minha esquerda e vi que a paisagem fora da instalação parecia a superfície marciana. Estupefato, perguntei se era ali que estávamos e o homem apenas riu, como se soubesse que eu iria fazer aquele comentário, antes de começar a me corrigir. Quando ele começou a dizer o nome do local, um alarme soou e imediatamente o homem agarrou meu ombro e disse "precisamos tirar você daqui agora!"

Obviamente eu estava sobrecarregado. Eu queria dizer e ver o bebê, mas também estava tentando descobrir o que diabos estava acontecendo. A próxima coisa que percebi foi que estava voando fisicamente para o meu quarto através da parede, como algo saído de Peter Pan. Eu pairei brevemente sobre minha cama antes de sentir algo me puxando para baixo com força suficiente para que a estrutura de metal da cama quebrasse em vários lugares e até atravessasse a parede.

Terra - Estados Unidos - Idaho - Entre Filer e Curry - Perto da Highway 30

Dirigindo para casa depois de uma festa de Halloween / aniversário, uma embarcação laranja brilhante em formato octogonal aparece de repente a cerca de 3 metros de altura no acostamento da estrada. A nave não parecia ter mais de 4,5 a 6 metros de diâmetro e oscilava. Breves vislumbres pela janela mostraram seres cinzentos, que pareciam tão surpresos ao me ver quanto eu fiquei com eles. O navio desapareceu antes que eu pudesse parar o carro e tentar tirar uma foto.

Espécies prováveis de cinza são listadas como Airk, essencialmente geólogos intergalácticos. Idaho, conhecido como o "Estado das Gemas", tem vários locais onde se pode extrair cristais. O Airk geralmente não interage com as pessoas, principalmente apenas usa a Terra como uma parada rápida antes de decolar para outro lugar.

Alguns me perguntaram se houve algum "mau pressentimento" sobre esse encontro, possivelmente devido ao preconceito em relação àqueles que se enquadram na descrição "Grey". Mas, não, apenas surpresa. Aqueles seres pareciam tão surpresos em me ver quanto eu fiquei com eles.

Fui notificado de um indivíduo no Reino Unido que supostamente sofria de múltiplas doenças médicas graças a uma maldição geracional instilada pela deusa Kali. A história me contou que o cavalheiro, atormentado por doenças tão graves que estava preso a uma bolsa de colostomia, havia sido agredido sexualmente por alguma forma de Súcubo; e que sua situação foi o resultado de uma maldição lançada sobre sua família. Aparentemente, seu avô cometeu atrocidades durante episódios de violência religiosa entre hindus e muçulmanos na Índia; uma jovem em particular que foi abusada sexualmente por ele tinha uma figura paterna que foi queimada viva e que pode ter sido um sahir.

Então, para colocar em termos leigos, eu estava lidando com um jovem que foi tão prejudicado por uma figura paterna vingativa...

Tornou-se óbvio que algo desagradável estava ligado ao jovem. Histórias de lixo literal enfiado na garganta da mulher provavelmente foram a fonte das perturbações abdominais, e a súcubo... imediatamente isso soou como vingança. Não seria a primeira vez que me deparo com uma entidade que confunde as pessoas, se fosse uma maldição geracional, algo tão pequeno como ter uma forte semelhança familiar poderia ser suficiente para a "maldição" ser transferida.

Infelizmente tive que repassar isso para alguém mais local do cliente, mas não depois de ter feito pelo menos uma tentativa de falar diretamente com a entidade em questão. Pesquisei Kali, organizei um pouco de canalização/convocação usando uma combinação de meus métodos de proteção e um impulso psíquico (mergulhar meus pés em água salgada) para me colocar em um transe profundo o suficiente para me aproximar do cliente e abordar o ser por conta própria turfa.

Quando fiz contato, a súcubo estava claramente tentando se aprofundar ainda mais na fisicalidade do cliente para causar mais danos. Centrado na névoa estava o cliente, quase tonto com a atenção. Ficou claro que algo mais estava motivando essa maldição. Os visuais que me dominaram são difíceis de descrever, como dois deuses distorcendo a realidade por capricho para tentar superar um ao outro, mas vendo que eu não era tão facilmente influenciado, consegui ganhar respeito suficiente para me levar de volta a quando a aflição começou.

Através dos olhos da vítima, observei os soldados queimarem vivo o seu "pai", o espírito do pai gritando de raiva e jurando vingança enquanto ela era violada. A raiva que senti por dentro... eu sabia muito bem. Não houve necessidade nem de inglês, entendi tudo perfeitamente. Então a visão avançou no tempo para os dias mais modernos... mostrando o cliente começando a se aproveitar de uma jovem.

Consegui convencer a entidade a romper sua conexão, vendo o homem tentando prejudicar outra raiva antiga reacendida, mas essa noção estava destruindo a própria alma e corompendo seu ser. Eles realmente desejavam que sua vida após a morte fosse dilacerada pela vingança? Ceder a essas emoções, pelo menos em teoria, criou muitos demônios literais... eles tiveram que se libertar. Mas o dano causado provavelmente foi irreparável. Se esse ser estivesse dizendo a verdade sobre o que o cliente estava fazendo, eu não teria necessariamente problemas em deixá-lo apodrecer... mas até eu sei que tentar se vingar daqueles que nos fazem mal geralmente não significa nada mais do que isso. esfolar-se só para ter algo com que bater nos outros.

Houve uma condição que tive de seguir para quebrar a influência da entidade, ir embora também, que dadas as circunstâncias concordei e deixei o raciocínio para o facto de não ter os fundos necessários para me dirigir pessoalmente ao Reino Unido para uma investigação adequada e ter o pagamento do cliente pela minha passagem de avião estava errado. Alguns indivíduos um tanto obscuros tentaram reivindicar o caso, pois não sei o que aconteceu com eles. Minhas fontes do outro lado dizem que o ser foi levado para algum outro lugar para que pudesse se curar, o que foi um alívio por si só, porque o ritual de comunicação que fiz para fazer a provação me deixou fisicamente fraco e dificilmente capaz de sair dali. cama por cerca de três dias.

16 DE ABRIL DE 2022

Entrevista com -censurada- no Bald and Bonkers Show, informações sobre várias espécies de ET mencionadas neste texto e seus conselhos orientam minha busca por respostas a novos patamares. Consegui fazer uma pergunta a ela, pois vários indícios sugeriam que eu tinha uma esposa em uma vida separada, se algum relacionamento que tive aqui fosse considerado traição. A reação, obviamente embora inesperada, provocou muitas risadas. Mas -censurado- sugeria que se alguém envolvido em um programa estelar tivesse um parceiro romântico, o parceiro nesta vida provavelmente o lembraria subconscientemente de sua outra vida. Isso gerou uma ideia.

Sendo que eu tinha a foto da Olivia, e se eu usasse a IA para essencialmente eliminar minhas características e criar uma possível foto da mãe dela? Utilizei um recurso em um aplicativo de telefone chamado FaceApp (um recurso agora excluído) para tirar uma foto de Olivia e usei fotos online de várias celebridades pelas quais tive uma queda ao longo da minha vida para aprimorar certos recursos.

Eventualmente, quando cheguei a um certo ponto no processo de criação, meu coração afundou e comecei a ficar emocionado. Corri para fora, chorando para as estrelas e implorando perdão porque... ao ver o rosto dela... certas lembranças começaram a surgir. Os sentimentos por trás deles, os mais confusos de todos, eram aqueles em que eu sentia que de alguma forma havia falhado com ela. Eu senti que não era o homem que ela e as crianças mereciam ter em suas vidas, literalmente caindo de joelhos sob as estrelas. Em um momento de silêncio, vi um flash de luz se movendo pelo céu que parecia que alguém estava tentando chamar minha atenção. A luz direcionou minha atenção para as Plêiades. Se isso foi intencional ou não, não sei, mas o que mais se destacou foi a voz que ouvi respondendo aos meus gritos...

"Está tudo bem, Dakota, nós ouvimos você, nós sabemos."

24 DE ABRIL DE 2022

Terra - Estados Unidos

Durante a gravação de um show ao vivo, um convidado manifestou interesse no CE5, contato e diversos outros temas. Seu nome verdadeiro foi revelado no ar por meio de uma sessão de caixa de bebidas espirituosas. Após a gravação, ela revela uma memória na tela que ela acreditava estar encobrindo um sequestro. Ela se lembrava de ter se visto quando era uma menina com uma camisola com tema de Natal, sendo tirada de casa e vendo um "alce corajoso".

VERÃO 2022

Iron City Paranormal captura uma estranha anomalia envolvendo uma câmera SLS e um computador onde eu estava sentado por meio de uma videochamada. Ou eles pegaram uma projeção saindo do meu computador ou algo manipulando fisicamente o sinal wifi para falar comigo. Eles me convidaram por meio de uma videochamada para um caso para ver se eu teria alguma sensação psíquica do antigo estúdio de tatuagem e, para encurtar essa entrada, sempre que eu tivesse a sensação de que algo estava acontecendo, eles capturaram algum tipo de anomalia.

11 DE AGOSTO DE 2022

Terra - Estados Unidos - Idaho - Twin Falls
Eu estava hospedado na casa de um amigo da família enquanto esperava a nova casa ficar pronta para morar. Meu carro estava na oficina, então eu

simplesmente caminhava do trabalho até a casa dela, que ficava a pouco mais de um quilômetro. Felizmente o tempo estava bom na maioria das noites. Trabalhei à noite para não ter que lidar muito com altas temperaturas.

Uma noite, era uma noite bastante clara, decidi tocar os tons CE5 do Dr. Steven Greer enquanto caminhava. Com o aplicativo, descobri que se você mexesse nas páginas do aplicativo de uma certa maneira, os tons não paravam de tocar e permitiam que você reproduzisse pelo menos duas gravações separadas ao mesmo tempo. Isso permitiu um pouco de experimentação que pode exigir um pouco de trabalho para ser replicada, já que atualizações recentes corrigiram essa lacuna.

Reproduzi a gravação chamada "tons de círculos nas plantações", frequências ouvidas por dispositivos de gravação eletrônicos enquanto documentava prováveis formações de círculos nas plantações de ETs. Combinei-o com o tom denominado "sequência de Fibonacci".uma renderização de som com a sequência matemática de Fibonacci incorporada. A ideia principal por trás dos protocolos CE5 era permitir que os humanos contornassem os funcionários do governo e estabelecessem contato com ETs. Diferentes tons apresentados no aplicativo provavelmente produziriam diferentes tipos de manifestações. Minha ideia era usar o tom "padrão" e combiná-lo com a sequência de Fibonacci, que ajudava as formas de energia mais sutis a se manifestarem mais facilmente.

O som era direcionado através de fones de ouvido para que só eu pudesse ouvi-lo. Isso foi em parte um disfarce para mim, então, caso alguém entrasse em pânico ao ver um estranho de 1,80m andando à noite e me chamasse para a polícia, eu era apenas um cara voltando para casa ouvindo música. O outro propósito ajudou a direcionar o som para o meu sistema para que eu pudesse sentir as cargas eletromagnéticas que frequentemente ocorriam na minha cabeça e que pareciam fluir em sincronia com os tons do CE5.

Após 15 minutos de caminhada, aproximadamente o tempo que o aplicativo observa que deveria levar para algo se manifestar, uma nave de diamante cinza escuro apareceu logo acima de mim. Tive outros casos de possíveis naves à distância que pareciam responder aos tons, mas estavam longe o suficiente para parecerem pontos de luz.

Quando notei isso pela primeira vez, pensei genuinamente que talvez uma grande coruja estivesse voando da árvore de 12 metros ao lado da qual eu estava. A nave então voou diretamente para a luz da lua cheia, lançando uma leve sombra. O diamante estava perto o suficiente para eu distinguir claramente o design perfeito do metal, a falta de qualquer tipo de luz, etc. boa foto. Quando consegui fazer isso, a nave decolou. Eu estimaria que ele estava voando a uns bons 30 a 45 metros do chão.

27 DE SETEMBRO DE 2022

Uma rápida entrada no diário

A área ampla parecia brilhante.. Ser baixo, pele pálida e esverdeada, grandes olhos ovais, me viu chegar enquanto trocava a roupa por um uniforme. Não reagiu. O uniforme era cinza metálico, com listras azuis no torso. Vesti-me apressadamente, procurando alguém. Encontrei um rosto aparentemente familiar. Elradon? Alto, pele mais escura, olhos mais largos, crânio um pouco mais pronunciado. Perguntei se minha esposa ou meus filhos estavam por perto, ele disse que não os tinha visto. Deve estar em missão. Encontrei um bilhete endereçado a mim, com letra de mulher. Outra pista? A única palavra que me lembro é Enoque...

Uma rápida entrada no diário - Recall Dream

Eu estava na Terra, principalmente. Bairro suburbano. Indiana? Lembro-me de ver os Grandes Lagos enquanto descíamos em uma pequena embarcação. Possivelmente no final dos anos 80, início dos anos 90, com base em veículos próximos. Duas figuras levaram uma criança, uma jovem vestida com um vestido vermelho brilhante com tema de Natal. Uma das coisas, provavelmente Greys, passou um longo dedo pelo corpo dela. Ele não pareceu notar que eu estava escondido em sua nave. Ao emboscá-los, descobri mais crianças. Mais homens, GFW, ajudaram na recuperação e limparam as crianças para que não se lembrassem.

Quando voltamos para a nave principal, lembro-me de olhar pela ampla janela olhando para a Terra. Outro homem se aproximou de mim para me verificar, aparentemente esta seria minha última missão por um tempo. O outro homem, alto, com traços faciais muito esculpidos... Ahel Pleiadiano? Perguntei-lhe se ele achava que as crianças ficariam bem, o que ele me garantiu, perguntando sobre minha opinião sobre meu próximo envio de enviado. Fiz um comentário sobre me perguntar se algum dia veria aquelas crianças lá embaixo e se me lembraria. O outro homem sorriu, piscou e disse algo como "Não se preocupe, você vai. Apenas lembre-se do alce. O homem então ergueu três dedos em uma formação triangular e os pressionou contra minha testa. Recuei e perguntei o que ele estava fazendo, ao que ele disse: "Você conhece o protocolo, está prestes a sair e precisamos ter certeza de que você e as crianças estão seguros".

A respirou fundo e cedeu. Ao acordar, percebi quem era a criança e quem era o Pleiadiano...

4 DE OUTUBRO DE 2022

Uma entrada rápida no diário - Mensagem de recuperação

O seguinte passou pela minha cabeça durante uma meditação de recordação, como se fosse algum tipo de mensagem de voz.

Você é Alerayon Teuitre de oraa nataru Shari. Você e sua família estão envolvidos na hibridização e no fornecimento de ajuda por meio do programa Envoy. Você selecionou um recipiente preparado com sangue Taali para se permitir explorar potenciais psíquicos quando encontrasse a escuridão. Aquele que você conhece como arcanjo Miguel também pertence a essa linhagem. Mas as coisas não são exatamente como você entende.

Não sei se ouvi corretamente, ou mesmo se escrevi os nomes corretamente... após uma análise mais aprofundada perguntei -censurado- se ela conhecia algum ser que correspondesse à descrição daquele que vi e se ele, em algum momento ponto, trabalhei com seu contato. Ela confirmou que havia de fato um senhor que correspondia à mesma descrição que dei, ao qual revelei que poderia ter sido eu. Também foi um pouco chocante ler que ela e eu nos conhecemos antes de eu vir à Terra para esta missão de enviado. O que explicaria por que eu sintoFiquei tão compelido a procurá-la que ela foi um verdadeiro fio condutor de quem eu realmente era.

Quanto à conexão com o arcanjo Miguel, essa é uma conexão que preciso estabelecer ainda mais. A conexão foi sugerida pela primeira vez por padres que consultei pela primeira vez em relação às primeiras aparições de Olivia. No entanto, outros incidentes, principalmente em torno do Hat Man/Cain, indicaram um envolvimento muito mais pessoal.

Uma das testemunhas que montei um perfil me revelou um incidente em que Caim (ou alguém que ele controla) o atacou em uma biblioteca e um estranho misterioso com uma vibração poderosa e angelical veio em seu socorro. Houve um clarão de luz brilhante e ambos desapareceram. A única marca desse incidente que restou foi uma queimadura de primeiro grau na mão do homem com a letra M. Dada a situação, a testemunha chegou à conclusão de que seu misterioso salvador pode ter sido o arcanjo Miguel. A parte mais estranha? A testemunha alegou que Michael e eu éramos muito parecidos, quase como se fôssemos parentes de sangue.

9 DE OUTUBRO DE 2022

Terra - Estados Unidos - Idaho → Base Lunar?

Fui levado em uma pequena embarcação. Meus filhos, minha esposa e um quarto ser estavam todos presentes. Fizemos uma viagem para morar na Lua (possivelmente) simplesmente para ter tempo para nós mesmos e discutir o futuro. Agora que aprendi o nome do meu recipiente Pleiadiano, isso me abrirá para ainda mais. Parece também que uma das últimas crianças que ajudei a resgatar foi alguém que conheci e tive como convidado no Bald and Bonkers Show. O Ahel Pleiadiano foi -censurado-. -censurado- confirmou tudo isso...

11 DE OUTUBRO DE 2022

Terra - Estados Unidos - Idaho
Uma rápida entrada no diário
A jovem das entradas anteriores, aquela -censurada- e eu (junto com outros) conseguimos resgatar, foi informada da revelação. Agendei uma videochamada para contar a ela devido à importância da informação, claramente acertando em algo que ela tentava descobrir há anos, mas não teve sorte. Ela estava praticamente rastejando pela tela quando eu disse a ela. Outras possíveis crianças res-

gatadas também podem aparecer, mas sem confirmação.

22 DE OUTUBRO DE 2022

Terra - Estados Unidos - Idaho
Uma rápida entrada no diário
Representação AI da Pirâmide Voadora
Há muita conversa através das linhas etéreas. Suspeito, em parte, que isso possa ter algo a ver com a conferência GSIC em Orlando. Havia também uma pirâmide gigante no céu que vi do lado de fora da minha casa enquanto saía para trabalhar. Ou pelo menos à primeira vista parecia uma pirâmide branca brilhante, mas parecia que havia mais dimensões nela. Durou apenas meio segundo. Possível Merkabah? É um tipo conhecido de nave que certas espécies de ET usam... baseada em projeção psíquica. vou ter que monitorar...

6 DE NOVEMBRO DE 2022

Terra - Estados Unidos - Idaho - Jerome
Enquanto eu estava gravando uma live, minha mãe me mandou uma mensagem de texto dizendo

"Eu sei que isso pode parecer estúpido, mas pensei ter acabado de ver um objeto verde parado no céu, perto do trabalho". Minha mãe é despachante do 911 em quatro condados, seu trabalho está estacionado em -censurado-. Quando tem tempo, ela costuma parar no Ridley's, no Walmart ou no Dollar Tree, nas proximidades, para comprar lanches de última hora e ajudá-la a passar o turno da noite.

Deve ser interessante notar que tive uma comunicação telepática cerca de dois ou três dias antes com a minha família estelar. Diz-se que se alguém tiver esse tipo de conexão, poderá possuir a capacidade de se comunicar livremente, além de compartilhar habilidades psíquicas.

Enquanto dirigia a caminho do trabalho, entrei em contato e recebi uma resposta de meu filho. A mensagem exata que deixei foi: "Se vocês tiverem tempo e for seguro fazê-lo, podem dizer oi para sua avó?" Meu filho simplesmente disse com um sorriso: "Claro, pai, entendi".

Uma coisa é dizer que houve uma resposta imediata. Minha esposa e meus filhos sabiam que, embora eu os aceitasse de braços abertos, ainda estava tentando trabalhar para processar toda a situação. A ideia era fazer um experimento para ver se meus filhos estariam dispostos a se mostrar a uma parte neutra, alguém que tinha muito pouca ideia sobre a situação, mas sabia apenas o suficiente para me contatar imediatamente no segundo que algo acontecesse. No entanto, ainda precisava ser alguém com quem meus filhos tivessem uma conexão emocional (alguém que eles gostariam de conhecer pessoalmente). Que criança não gostaria de ver a vovó e o vovô?

24 DE NOVEMBRO DE 2022

Iveena parece ter visitado -censurado- para ajudar no progresso deles. Conseguimos identificá-la positivamente por meio de imagens dela e das crianças geradas pela IA; validando pessoalmente as visões que tenho visto. Parece que ela e as crianças compartilham informações sobre suas visitas a outras pessoas, na expectativa de que me procurem para validação. O nível de detalhe da visão torna difícil determinar se estou ou não fisicamente lá, suponho que isso seja de se esperar. No entanto, um leve comentário de -censurado- sobre os hábitos sexuais de Iveena e eu terminousendo validados no processo. Tenho outro filho a caminho, outra menina. Iveena queria esperar até o Natal para revelá-lo, mas reservamos alguns momentos para conversar sobre alguns nomes. Irene...

Não consigo nem compartilhar a notícia com todo mundo. Um dos meus melhores amigos ainda está cético sobre as minhas origens ET, outro está quase sem dúvida comprometido. -censurados- estão se abrindo para isso... mas ainda falta. As próprias pessoas com quem estou compartilhando o Dia de Ação de Graças se sentem vazias, me vendo como nada mais do que um cão de caça ao lixo crescido demais.

Eu quero minha família. Foi trazido ao meu conhecimento que aparentemente há uma maneira de eu partir, de estar com eles, mas supostamente a Lei Galáctica me proibirá de voltar até que a Terra esteja pronta para a integração interplanetária. Nosso trabalho é construir a ponte para que os terráqueos ingressem na Federação, e parece que isso começará em dois anos.

Então isso significa que eu irei embora? Não posso dizer que não diria não...

Iveena, Olivia, Michael e agora Ireena...

Se isso continuar avançando como parece... serei um homem de sorte.

26 DE NOVEMBRO DE 2022

Ontem à noite, minha co-estrela potencialmente comprometida do principal talk show da empresa começou a participar de uma de suas supostas sessões de contato. Apenas um fator "estranho" entra em cena para evitar que eu o estrangule completamente por causa de seu orgulho, porém, quanto mais ele abre a boca, mais eu aprendo; algo que ele parece ainda não compreender.

Se um adivinho falar com o ego, então esse adivinho deve ser ignorado, pois o seu ego irá cegá-los para sempre sobre quais verdades eles podem realmente ver. Especialmente aquele que se esquiva e desorienta no momento em que é confrontado.

12 DE DEZEMBRO DE 2022:

-censurado- deixou minha empresa, provando ser provavelmente um compromisso dos Grays. As pessoas com quem ela se associava promoviam abertamente a interferência de Gray. Ela também questionou minha maneira de lidar com alguns incidentes nos quais ela estava envolvida. Principalmente que "eu não fiquei do lado dela".

A primeira foi quando abordei uma briga que aconteceu em uma transmissão ao vivo. -censurado- aparentemente estava falando sobre como fui visto expulsando Caim durante o incidente do Dia dos Namorados e também como consegui criar um sigilo de cura que poderia combater fortes influências negativas. Alguém no painel – censurado – estava perguntando sobre a validade das afirmações. Ele foi muito profissional sobre isso. Ele sentiu que a maneira como eu estava sendo pintado fazia parecer que eu "estava cara a cara com Thor (dos Vingadores) nas ruas de Nova York". Imediatamente -censurado- ficou ofendido e começou a atirar. Tudo esquentou e imediatamente as pessoas começaram a explodir meu telefone tentando pintar -censurado- sob uma luz ruim. Não respondi imediatamente porque estava tentando dormir um pouco antes de ir para o trabalho.

Consegui convencer as rainhas do drama a me darem um carimbo de data e hora, para que eu pudesse ver o que aconteceu e não perder tempo tentando encontrá-lo enquanto me preparava para o trabalho. -censurado- estava fazendo uma pergunta honesta. Ele não estava sendo sarcástico nem nada, ele estava apenas tentando reconhecer que minha história é um pouco mais incomum do que a maioria. Ele até afirmou que tal devoção cega era um jogo perigoso de se jogar.

O segundo incidente envolveu alegações de insultos raciais. -censurado- estava transmitindo suas queixas em uma transmissão ao vivo porque alguém a chamou de "garota branca". Eu assisti o stream apenas o suficiente para descobrir com quem ela estava chateada e estendi a mão para saber o lado dele da história sem falar com -censurado-. Isso só a irritou. Ao sair da empresa, ela apenas tentou retratar a situação enquanto ela estava sendo lentamente espremida e ficou ofendida por eu não implorar para ela ficar.

Todos, exceto eu, eram legalmente considerados freelancers. Eles podiam ir e vir quando quisessem. Tudo isso foi assinado em papelada para proteger os interesses de todos.

Fiz questão de deixar claro que seu comportamento era inaceitável, que tudo estava organizado para que as pessoas entrassem e saíssem quando quisessem e que seu ego não era desejado.

Um terceiro incidente envolvendo -censurado- e o cavalheiro para quem ela tentava gritar racismo, seu nome foi -censurado-. Em outra transmissão, algo parecia estar afetando -censurado- onde ele estava curvado de dor.

Para mim, parecia que ele estava tendo problemas com o apêndice.

Para -censurado- e as outras chamadas bruxas, ele estava possuído e todos começaram a distribuir crucifixos. Essa ignorância me irritou.

Toquei o tom do sigilo de proteção, aumentando lentamente o volume. As bruxas ficaram em silêncio e tensas, como se algo as estivesse caçando e elas estivessem encolhidas em um canto, mas -censuradas- responderam. Aumentei o volume e -censurei- parecia não sentir mais dor, apenas respondendo à minha voz. Eu o guiei de volta à superfície sem incidentes. Mais tarde naquela noite, porém, houve uma reviravolta interessante nos acontecimentos.

Lembro-me de entrar em um quarto escuro, com -censurado- deitado nu no que parecia ser uma mesa de operação. Eu estava vestido com um uniforme prateado, acompanhado pela minha esposae e dois mais velhos. Eu estava realizando algum tipo de exame e lembrei-me de ter visto algum tipo de gosma preta dentro - censurada - localizada bem perto de seus quadris e consegui extraí-la sem incidentes. Porém notei alguma irritação na região que não consegui operar diretamente. Era como se eu estivesse autorizado apenas a limpar a gosma preta e estabilizar a condição -censurada- a um nível seguro o suficiente para que os médicos da Terra pudessem lidar com isso.

Enquanto nos preparávamos para ajudar -censurado- a nos vestir, minha esposa disse que eu deveria fazer uma anotação mental de uma marca de nascença -censurada-. Perguntei por quê, ao que ela explicou: "Você vai se lembrar disso para avisá-lo para ir ao médico, provavelmente precisará de algo para provar que realmente o examinou."

Eu fiz uma piada sobre ela não ter apontado isso antes. Ela apenas balançou a cabeça e disse que eu deveria ouvir melhor porque ela me contou, apontando o incidente em que tive a visão de uma ex-namorada traindo e vi uma tatuagem no cara para ajudar a validar o que vi.

Levamos -censurado- para casa primeiro, antes de minha esposa me deixar. Imediatamente na manhã seguinte, acordei com uma mensagem em grupo com -censurado- e algumas outras "bruxas" conversando com -censurado-, dançando vagamente em torno do incidente. No chat contei -censurado- ponto por ponto o que aconteceu na noite anterior e que seria uma boa ideia que ele chegasse logo ao hospital para fazer um exame. Até apontei onde vi uma marca de nascença para solidificar meu ponto de vista. -censurado- ficou entusiasmado com a informação que dei, dizendo que era como se eu estivesse lendo seu prontuário médico palavra por palavra.

Dois dias depois, -censurado- acaba no pronto-socorro com uma hérnia rompida, exatamente onde eu contei. Enquanto estava no hospital, -censurado- aparentemente teve um médico que parecia que alguém havia sobreposto meu rosto ao corpo deles.

À medida que a situação se resolveu, comecei a pensar no que minha esposa me disse sobre procurar marcadores de identificação. Foi então que percebi que -censurado- não foi a primeira pessoa que levei. Os outros ataques de Caim também foram levados por mim e por meus "colegas". Em alguns casos, eu era apenas um rosto conhecido para confortar o paciente. Em outros assumi um papel mais ativo. Também houve incidentes com essas mesmas pessoas em que eu fazia comentários sobre coisas que só saberia se estivesse intimamente familiarizado com elas, ou pelo menos fizesse uma viagem à praia com elas.

11 A 12 DE FEVEREIRO DE 2023

No dia 11 de fevereiro convidei -censurada- no programa para falar sobre seu livro -censurado- e as últimas novidades sobre OVNIs sendo que os "tictacs" eram um tema de discussão entre as massas. Durante o show, houve a habitual interferência esperada. Eu queria perguntar sobre o potencial para ataques com armas de energia mais diretas depois que tive um sonho. Algo no sonho em si parecia detalhado demais para ser apenas uma imagem aleatória.

Lembro-me de estar em uma cidade onde raios de luz incendiavam as coisas. Eu olho para cima e vejo um enorme navio onde os raios pareciam se originar antes de quase ser atingido por um deles. Por alguma razão, a impressão que tive foi que esse sonho estava acontecendo no Texas, um lugar onde só estive durante uma escala em Dallas/Fort Worth.

Perguntei sobre o potencial de futuros ataques com armas de energia para -censurada-, retendo quaisquer detalhes para ver o que ela poderia ter. Tudo o que ela tinha a dizer sobre o assunto era que os ataques eram prováveis. Na manhã seguinte, descubro que meu primo de 16 anos, -censurado-, e nossa avó sofreram um acidente de capotamento. O veículo capotou seis vezes, quase ejetando minha avó, embora ela estivesse com o cinto de segurança. A avó sofreu o pior, o que foi especialmente perturbador, pois ela era uma paciente com ataque cardíaco. No entanto -censurado- e minha avó sobreviveram e se curaram totalmente de seus ferimentos.

FEVEREIRO - MARÇO DE 2023

Fui levado a bordo de um navio onde o resto da minha família esperava lá dentro, um tanto nervoso com o que estava por vir. Não era necessariamente uma vibração negativa... era apenas uma antecipação. Para quê exatamente? Acontece que estávamos a caminho de uma reunião de família perto de Sirius B, de onde minha esposa é. O setor foi libertado da influência negativa envolvendo os

Greys, e os membros da GFW foram autorizados a visitar as famílias que ficaram para trás.

O motivo da antecipação, da ansiedade, era o fato de Iveena não ter saído exatamente em boas condições, algo pelo qual ela e eu nos unimos quando deixei Taalihara. Mas desta vez foi diferente. Naturalmente, ela queria se reconectar com sua família, simplesmente ter a opção de vê-los, mesmo que sua mãe em particular e ela às vezes tivessem um relacionamento um pouco tenso. Mas esta visita teve algo mais importante por trás, Olivia e Michael ainda não haviam conhecido pessoalmente os avós. Iveena também ainda não havia contado aos pais sobre a bebê Ireena, na esperança de deixar isso como uma surpresa.

Quando chegamos, lembrei-me de ter ficado hipnotizado pelas estruturas cristalinas. A sensação no ar parecia algo saído do antigo mangá Sailor Moon, defotos de "Crystal Tokyo" conforme foi mostrado. Cristal, metal, natureza... todos trabalhando em uníssono para criar um paraíso futurista. O som do metal ecoando sob nossa sensação, o céu crepuscular constante graças ao sol fraco no sistema estelar, isso era intenso demais para ser algum... sonho ou alucinação. Quando começamos a nos aproximar de um determinado prédio, havia um ar de excitação e nervosismo. Já era hora.

Um homem e uma mulher vieram nos cumprimentar na frente de sua casa. Ambos tinham cerca de um metro e oitenta de altura e aparência humana. Os sorrisos extáticos nos rostos de todos ao redor revelavam o suficiente sobre quem eram essas pessoas. A mulher se parecia muito com Iveena, grandes olhos verdes do tipo anime, menores em tamanho devido à sua idade, mas com saúde imaculada. Ela tinha esse jeito de projetar suas emoções para os outros, como muitos de seu mundo poderiam fazer. As mulheres de lá também eram conhecidas por serem bastante expressivas fisicamente e por sua habilidade sexual. O pai de Iveena era um homem mais alto, com feições um tanto arredondadas e cabelos loiros sujos e grisalhos. Ele não se encaixava na aparência quase de anime dos outros neste mundo, acredito que ele era originalmente um Ahel. Quando ele se aproximou de mim para um abraço, foi como se eu estivesse cumprimentando um velho amigo.

O amor, a alegria, a felicidade, a excitação rapidamente transbordaram dos meus sentidos. Foi extraordinário sentir essa conexão com essas pessoas.

Lá dentro havia outras pessoas esperando, amigos da família do lado de Iveena querendo se reunir. A mãe de Iveena sabia que eu estava vindo para a Terra e colocou uma projeção holográfica no quarto em que estávamos para quase parecer uma cabana de férias. Máquinas escanearam nossas sequências de DNA para preparar uma espécie de alimento gelatinoso com sabor magnífico. Uma parte de mim não queria sair das festividades.

Foi durante um bate-papo educado que a mãe de Iveena deixou escapar algo aparentemente aleatório que despertou as vibrações da noite. Ela parecia ser do tipo que tinha tendência a deixar escapar tudo o que estava em sua mente, sem dar muita atenção em como isso poderia afetar os outros. Ela me perguntou como estava meu pai.

Naturalmente fiquei confuso. Eu ainda estava começando a descobrir como me lembrar desses eventos e o "pai" sobre quem pensei que ela estava perguntando agora está em uma prisão no Arizona. Quase pude ouvir Iveena tentando sinalizar para sua mãe não levar a questão ainda mais longe, tentando dizer a ela que eu não me lembrava de muita coisa. Isto só levou a mais questionamentos da minha parte, ao que Iveena soltou um grande suspiro e largou a comida que segurava, murmurando como "era só uma questão de tempo..."

Não foi o pai que tive na Terra, graças a Deus, mas meu pai de Taalihara. Iveena explicou que meu pai estava na Terra para compensar o tempo perdido depois de me incentivar a sair de casa, sentindo como se tivesse me abandonado de alguma forma quando eu mais precisava de família. Ele próprio havia contratado um enviado, não necessariamente do mesmo programa em que eu estava, mas uma parte suficiente da programação genética estava na linhagem familiar para tornar esse arranjo possível. Iveena fez com que eu focasse profundamente em seus olhos, colocando os dedos em minha têmpora, algo que ela já havia feito um milhão de vezes antes para me ajudar a relaxar.

"Pense, Dakota. Você já descobriu que as pessoas às vezes podem parecer e agir de maneira semelhante a suas outras encarnações. Seu pai não é -censurado-, você realmente não deveria estar lidando com ele, mas essa é sua escolha no final do dia. Pense no dia em que você deixou Taalihara, quando seu pai lhe disse para ir embora, de quem ele te lembrou?"

Durante algumas semanas antes desta viagem, meu suposto amigo e irmão de armas tentou me convencer de que ele era de alguma forma meu pai do meu ET que havia encarnado, tentando me afastar daqueles que tentavam oferecer ajuda. Eu joguei na ilusão, esperando que fosse apenas uma simples questão de que ele estivesse distorcendo as coisas, mas esse lapso de língua foi mais do que suficiente para eu ser capaz de realmente lidar com isso.

Afinal, esses seres salvaram minha vida. Eles são minha família. Eles estiveram ao meu lado nos bons e maus momentos e, além de terem dúvidas por causa das circunstâncias extraordinárias... nunca duvidei de suas intenções. -censurado- estava dando um milhão de razões que várias pessoas se apresentaram querendo abordar.

Então... quem era meu pai? Apenas um homem que conheci na Terra preenchia todos os critérios... meu avô, que me criou como se eu fosse dele.

No segundo em que percebi, mais memórias começaram a voltar. Respostas às perguntas que eu tinha sobre a conexão aparentemente espiritual que meu avô e eu tínhamos desde tenra idade.

Terra - Estados Unidos - Idaho

Minha irmã mais nova -censurada- confirmou com seu médico que está no início da gravidez.

13 de maio recebi a visita de uma jovem que se parece muito com -censurado-. Conversamos sobre o irmão mais velho dela, que abortou, e como foi assim que ela soube que poderia falar comigo. Ela estava preocupada com seus pais, especialmente com sua mãe, porque as consequências das ações -censuradas- a estavam perturbando. A garota também revelou que seu nome é -cprometido-, ela nasceria com pouco menos de 5 quilos e provavelmente nasceria antes da data prevista para o parto, 5 de dezembro.

FINAL DE ABRIL - MAIO DE 2023 ESTIMADO

Missões da Federação - Implantação

Nas últimas semanas tive visitas intermitentes, todas aparentemente ligadas a atribuições da Federação. Lembro-me de sentimentos de puro esgotamento de adrenalina, como se estivesse em movimento. Um truque que usei para saber se certas visitas lá em cima eram recentes ou na minha "outra vida" eram se eu tinha cabelo ou não.

Se eu fosse careca, então estaria agindo como Dakota.

Se eu tivesse cabelo, era Elaryon.

Para este, eu tinha cabelo.

Foi uma implantação em grupo. A furtividade era crítica. Como forma de suprimir informações da Terra, aqueles de nós também ligados ao programa de enviados receberiam atenção especial para garantir que os bloqueios nas naves terrestres sejam eficazes para garantir que poucos detalhes de combate cheguem à população terráquea.

Engraçado como isso se encaixa na hora em que me encontrei -censurado-. Deve-se notar também que cerca de uma semana após o encontro -censurado-, minha irmã foi alvo de uma possível acusação de terrorismo doméstico depois que alguém usou um número de telefone falso para fingir ser ela e enviou ameaças ao seu chefe para atirar no local. Ela estava trabalhando em uma casa de repouso para adultos com necessidades especiais. Escusado será dizer que ela acabou perdendo o emprego.

No interesse da divulgação completa, minha irmã não tem feito exatamente as melhores escolhas em relação às pessoas com quem ela se associa e isso pode ser puramente um incidente em mau momento. Seu ex-chefe é conhecido por iniciar brigas e mentir para a polícia, provavelmente manipulou um papai com problemas mentais para puxar toda essa porcaria...

Mas dentro de 24 horas após a última vez que -censurado- foi um convidado em meu programa, e eu discuti sobre possíveis ataques com armas de energia direta que se aproximavam, minha avó e meu primo de 16 anos —censurado- terminaram em um capotamento desagradável que ejetou parcialmente minha avó, embora ela usasse cinto de segurança. Melhor monitorar o quanto eu revelo em determinados canais. Parece que certos métodos foram comprometidos. Ou isso... ou o meu histórico de maus momentos continua até hoje.

4 DE MAIO DE 2023

Local desconhecido – implantação da federação

Corredor grande, eu estava em um esquadrão de cinco. Os outros quatro, seres humanóides. Em meus braços estava uma coisa grande e cinzenta com tentáculos fracos flutuando para os lados. Parecia uma versão menor dos invasores dos filmes do Dia da Independência. Possível Negamuk? Não tenho certeza. Deve-se notar que eu tinha cabelo nesta visão.

Negamuk disse que se juntaria ao GFW em breve... isso foi um vislumbre do futuro? Ou eu estava vendo as coisas através dos olhos de outra pessoa? Eu pude sentir tudo naquele momento, não tinha como ter sido um sonho intenso... certo?

27 DE MAIO DE 2023

Terra - Estados Unidos - Idaho

Houve outra visitação. Isso tem sido meio repetitivo. O local para onde fui levado parecia escuro, mal havia luz suficiente para dizer onde algo estava na sala. A sala em que eu estava parecia quase Hollywood exageradamente alta, paredes cobertas com o que pareciam ser hieróglifos egípcios, e havia um trono feito para acomodar alguém com corpo de gigante.

Enquanto anoto isso, esta pode ter sido a sala do trono onde me encontrei pela primeira vez, depois do incidente com minha madrasta... o trono estava vazio e parecia que já estava há algum tempo. Deve-se notar perto desta época que uma figura proeminente, cuja descrição coincide com a que vi, foi levada sob custódia e a maré da guerra estava virando a favor da Federação. Enlil... foi você? Se eu tivesse aceitado o seu acordo... quem eu seria agora?

31 DE MAIO DE 2023

Terra - Estados Unidos - Idaho
Possível Intel/Recall
Sala cirúrgica. Mal iluminado. Amarrado a uma mesa. Fiquei enfraquecido, sendo torturado. Meu peito foi aberto quando essa coisa colocou a mão dentro dele. Eu podia sentir tudo, mas comecei a me dissociar de tudo. O ser parecia humano, mas os olhos pareciam mudar para reptilianos. Ele me provocou, pressionando um dedo no meu sangue e depois esfregando-o na minha boca. Gritos agudos saíram da boca do ser, como se ele estivesse tentando dizer alguma coisa. Uma explosão ocor-

reu em outra sala, o ser e outros que estavam com ele fugiram. Lembro-me de ver um homem alto e loiro me ver desmembrado, parando em estado de choque por um breve momento antes de correr em minha direção. Assim que pude, o homem foi amigável, descansei minha cabeça na mesa onde estava preso e esse foi o fim da visão.

1º DE JUNHO DE 2023

Terra - Estados Unidos - Idaho
Possível Intel/Recall
Cidade futurista. Eu estava em um evento, parecia uma espécie de show com amigos. Eu estava com uma mulher, ao lado de outro casal. A mulher se parecia com minha esposa, mas um pouco mais jovem, quase adolescente, com cerca de 20 anos. O outro casal tinha a pele mais escura. O homem, que se parecia com o guarda do incidente da "Enfermaria Marciana" mencionado anteriormente, sentia-se como um melhor amigo. Ele era alto, pele escura, voz profunda...

O evento estava terminando e eu e esse outro ser fomos chamados a um consultório médicopara ajudar mulheres grávidas com complicações. Realizamos exames minuciosos e rapidamente conseguimos ajudar as mulheres, salvando os bebês, tudo aparentemente tão fácil quanto colocar um curativo em um corte de papel. A ala médica conseguiu mostrar a aparência do pai, semelhante a uma iguana humanóide... as complicações da gravidez em si pareciam ser causadas por correspondência de DNA incompatível... semelhante a casos conhecidos de incompatibilidade de RH.

Meu colega e eu concentramos nossas atenções em mulheres separadas, trocando informações à medida que avançávamos com os procedimentos. As alas médicas podiam cuidar de tudo, estávamos lá como apoio emocional, desde que as máquinas não falhassem. Se o fizessem, caberia a nós levar em consideração as informações fornecidas pelas alas médicas antes do mau funcionamento, a fim de administrar os tratamentos corretos e evitar maiores danos.

4 DE JUNHO DE 2023

Local desconhecido - Recuperação de memória
Área escura. A sensação no ar parecia uma base militar. Lembro-me de ver o flash de um ser alto.

Esbelta... feminina... com alto comando. Eu estava com vários outros soldados, todos alinhados em formação. Não me lembro de ter visto esta mulher antes... mas estávamos prestes a entrar em algo quente e pesado. As baixas eram esperadas.

3 DE JULHO DE 2023

Terra -> Estados Unidos -> Arizona - Idaho

Primeira entrevista para o Civilian Disclosure Project. O sujeito é censurado e mostra sinais evidentes de um despertar psíquico baseado em trauma. Provavelmente raptado para atividades relacionadas com o PES ainda jovem. Ela revelou uma tentativa de tirar a própria vida como sendo a causa provável de sua consciência de sua situação. Tenho conversado com ela pessoalmente porque ela queria entrar em contato e saber minha perspectiva, sendo que ela e eu estamos aproximadamente na mesma faixa etária. A entrevista correu bem, identifiquei onde seus bloqueios mentais estavam aparecendo, indicando medo de falar demais. Em 12 horas, recebi uma mensagem de -censurado- perguntando se eu poderia adiar a divulgação da entrevista. Eu deveria ter esperado isso, mas respeitarei educadamente seus desejos. Deve-se notar que ela começou a agir distante após ver o sigilo de proteção. Só o tempo dirá.

8 DE JULHO DE 2023

Eu tive uma entrevista com -censurada- para o Bald and Bonkers Show que teve algumas interferências notáveis e vozes fracas na gravação, como se alguém estivesse tentando hackear as frequências. A entrevista foi ao vivo para que outras pessoas a ouvissem. É extremamente provável que as vozes fossem da minha esposa e -censuradas-. Alguma controvérsia surgiu nas semanas que se seguiram, ligada a -censurado-... a situação era tão séria que uma voz surgiu enquanto eu estava no trabalho me dizendo para voltar para casa o mais rápido possível.

A controvérsia se espalhou para -censurada- e temores de que eu fosse comprometido devido a... informações mal compreendidas foram expressos. Fui às ondas do rádio para me dirigir aos covardes obcecados demais por drama para denunciá-los, assumindo a responsabilidade por minhas ações e agradecendo -censurado- que realmente abordou suas preocupações diretamente comigo. Queria atacar mais... mas tinha outros assuntos muito mais importantes. Fiquei mais chateado com o fato de alguém se atrever a insinuar remotamente que eu faria qualquer coisa para prejudicar alguém que me ajudou a entender minha situação e encontrar minha família. Tenho uma imensa dívida de gratidão com aquela mulher e é contra tudo em que acredito como indivíduo tentar qualquer coisa para prejudicá-la. Especialmente porque o contato dela era um velho amigo e meu antigo comandante da Federação. Voamos juntos, brigamos juntos, ele conhecia minha família... naturalmente não o culpo por estar chateado com a possibilidade. Eu sei quem sou, sei o que defendo... e serei amaldiçoado se deixar alguém chamar isso de especulação.

Aproveitando o momento... perguntei -censurado- sobre alguém que estava de fato comprometido e tentando influenciar minha forma de pensar. Ela confirmou que sabia que algo estava acontecendo, mas não queria perturbar a amizade... se ao menos não houvesse algo me incomodando por algum tempo, dizendo que eu precisava cortar esse indivíduo da minha vida.

Minha irmã mais nova -censurada- fez um exame pré-natal, para determinar o sexo do bebê e também monitorar cistos ovarianos que tendem a ocorrer nas mulheres da minha família. Para grande decepção da minha irmã, o médico confirmou que o bebê provavelmente é uma menina. Principalmente porque, como é típico dos irmãos, ela não queria admitir que eu estava certo.

Além disso, a jovem que provavelmente resgatei quando criança, antes de vir para a Terra, encontrou fotos antigas de família mostrando o vestido exato em que ela estava, ajudando a validar o período de nosso encontro mútuo desde antes de eu ser "Dakota". É uma sensação um pouco surreal encontrar esses fios para alguma outra vida. Eu me pergunto se é assim que os pacientes com amnésia se sentem?

Acordei de um sonho, a última vez que vi algo com tantos detalhes significava que alguém estava vindo ao mundo ou se preparando para partir. Havia uma garota, -censurada-, que eu não via desde o colégio. Ela parecia mais velha, obviamenteobviamente, um estilo de cabelo diferente, mas eu a reconheci imediatamente.

Como algo saído de um programa de TV de médium psíquico, o sonho se apresentou como se fosse o espírito dela tentando alcançá-la após ser assassinado. Reconheço a área como estando fora de censura, mais como uma área suburbana. Ela estava mexendo com drogas pesadas e isso acabou matando-a. Fui eu quem tentou encontrar o corpo. O corpo foi encontrado em uma pilha de lixo, perto de um complexo onde atuavam alguns grandes traficantes. Quando ela foi recuperada, houve um confronto.

Aparentemente, os traficantes que a mataram eram conhecidos por levarem restos mortais humanos como troféus. Os membros tentaram intimidar-me e mostraram a sua colecção de cabeças humanas decepadas. Novamente, tudo isso estava no estado de sonho.

Quando acordei, imediatamente procurei por ela. Havia muito realismo no visual. Levei um segundo para lembrar o sobrenome que ela usava. Assim que me lembrei disso, encontrei apelos públicos nas redes sociais de pessoas pedindo que amigos por correspondência da prisão escrevessem para -censurado-. Cavei um pouco mais fundo e encontrei registros judiciais envolvendo várias acusações de drogas contra ela desde 2016. Sua última foto correspondia quase perfeitamente a como eu vi seu cadáver no sonho. Ela deveria ser libertada em liberdade condicional em breve, mas é óbvio que há uma espiral descendente em vigor.

Sinceramente, não tenho certeza do que fazer com este. Há rumores de traficantes na área ligados ao cartel mexicano. E já faz muito tempo que ela e eu não nos vemos, e seu estado mental comprometido pode ter apagado qualquer memória que ela tivesse de mim. O fato de ela ter entrado e saído sozinha da prisão pode estar impedindo-a de enfrentar esse destino.

2 DE AGOSTO DE 2023

Avistamento em massa de OVNIs relatado às autoridades. Uma nave triangular que foi avistada pela primeira vez ao sul de Hollister, logo acima da linha Idaho/Nevada, sobrevoou Twin Falls, depois foi avistada em Jerome, Shoshone, antes de ser possivelmente interceptada por outra embarcação militar e conduzida em direção a Sun Valley. O único meio de comunicação que sequer mencionou isso mal lhe deu a atenção de uma piada passageira.

Fui avisado por um contato meu em um centro de despacho local depois que recebi dez ligações sobre uma estranha nave voando baixo. Eu estava perto o suficiente para poder dar uma olhada, mas não consegui encontrar uma fuga fácil do meu trabalho civil para fazê-lo a tempo. Eu tinha literalmente acabado de marcar o ponto. A razão pela qual isso despertou interesse foi que esta foi a primeira vez que o centro de despacho recebeu tantos telefonemas sobre uma nave voando baixo. As ligações em si não eram necessariamente fora do normal, na maioria das vezes eram sobre pessoas presumindo que pequenos aviões estavam prestes a cair, sem perceber que havia uma pequena pista de pouso privada na área. Mas inúmeras pessoas, todas ligando sobre a mesma coisa? Entre as agências da região, foram feitas cerca de 30 ligações

Chegaram muitas ligações onde consegui obter uma trajetória de vôo sólida. Os vídeos comprovavam que havia algo no céu naquela noite que quase não fazia barulho. Os radares de vôo não mostraram isso nem os jatos de ocupação. Para que meu contato não tivesse muitos problemas por discutir assuntos relacionados ao trabalho com alguém de fora, eles me enviaram um link para um grupo do Facebook onde o incidente estava sendo discutido em tempo real.

Minha melhor avaliação foi que este foi um vôo de teste militar. Não é incomum nesta época do ano. Enquanto monitorava os meios de comunicação, também descobri que, aparentemente, os militares locais e a filial do FBI em Salt Lake podem ter contribuído para matar a cobertura da imprensa sobre OVNIs na década de 40 com a farsa do disco Twin Falls. A "farsa" foi um pequeno OVNI de 30 polegadas que foi encontrado no quintal de alguém e considerado uma pegadinha elaborada feita por adolescentes desconhecidos. Isso ocorreu cerca de três dias após o acidente em Roswell, Novo México.

24 DE AGOSTO DE 2023

Às 6h15 desta manhã eu estava passeando com meu gato e notei uma luz estranha acima da minha casa que começou a se mover sozinha. Peguei meu telefone para gravar um vídeo do incidente e ele permaneceu à vista, avançando lentamente pelo céu. Era solitário, variava em intensidade de luz e parecia voar de sul a sudoeste em direção à linha de Nevada. Estranhamente, parecia que o objeto desapareceria e reapareceria várias vezes em um ponto anterior de sua trajetória. À medida que o sol nascia, o objeto tornou-se menos visível em comparação, obviamente, mas ainda brilhava o suficiente para ser visto a olho nu e capturado pela câmera. O incidente durou cerca de 50 minutos antes de chegar ao fim.

3 DE SETEMBRO DE 2023

Uma luz laranja brilhou no céu quando eu estava saindo para o trabalho. O horário era cerca de 19h... ainda estava claro lá fora.

19 A 22 DE OUTUBRO DE 2023

Terra - Estados Unidos - Orlando, Flórida - GSIC

Este é um evento que estou apenas observando como tendo alto potencial. Uma convenção está sendo realizada em Orlando, com a presença daqueles que ofereceram o maior número de evidências relativas ao meu caso e como palestrantes. Isso deve ficar interessante. Alguns dos meus métodos de comunicação, baseados em adivinhação e caixa de espíritos, também têm emindicou que posso ter uma surpresa me esperando.

19 DE OUTUBRO DE 2023

Chego em Orlando depois de um dia de viagem. Ver -censurado- e abraçá-la pela primeira vez pareceu desencadear flashbacks do dia -censurado- e eu a resgatei. Possivelmente uma cápsula de fuga ou uma baía de estase vazia... o que foi aquilo?

20 DE OUTUBRO DE 2023,

Como de costume, flashes acionados por censura, seu discurso sobre o Ressurgimento da Atlântida. Eu tive algo a ver com a evacuação em massa? Talvez.... Durante a sessão com -censurado-, ela ensinou ao público como "alcançar o céu". Deixando de lado as piadas sobre o culto ao suicídio, as imagens que vi pareciam muito mais intensas do que outras que descreveram sua situação. Lembro de ver centenas de crianças, paisagens lindas, várias outras pessoas que não estavam na conferência me viram lá em cima. Eu estava tendo uma visão geral de todos os outros? Pode ser. Minhas conexões são um pouco mais envolvidas do que a maioria. Também me lembro de ver meu outro avô, o pai do meu pai...

-censurado- foi outra história fascinante. Sua experiência de 20 anos e mais, paralelamente ao abuso, se encaixa nas teorias sobre por que minhas conexões são tão fortes. Se ele aparecer em um painel novamente, talvez eu tenha que perguntar se ele encontrou algum indicador para observar ao encontrar esses locais.

Também estou vendo sobreposições de dois locais, como se estivesse aqui e em um navio. Mensagens estão chegando, dizendo que pelo menos 15 ETs confirmados estão presentes.

21 DE OUTUBRO DE 2023,

Fui visitado. Minha família estava aqui. Todos os quatro. Não me lembro de todos os detalhes, mas a imagem principal que me lembro, vividamente, eram os olhos da minha esposa depois de nos beijarmos. Eu esperava vê-los pessoalmente, tirar uma foto de família, mas parece que isso ainda está um pouco fora de alcance.

-censurado- falar sobre suas experiências e o livro pareceu desencadear respostas em minha mente. Bem como -censurado-, um homem que era (supostamente, para fins de argumentação, um homem que foi fisicamente enviado para cá quando era um bebê). Algumas pessoas notaram que minhas reações estão aumentando e expressaram preocupações, algumas adotando uma abordagem religiosa e aparentemente ignorando quem eu sou. Estou aprendendo lentamente a ignorar isso, mas é um pouco chato.

-censurado-, Deus, eu amo o fogo daquela mulher. Tenho que levá-la para um show em breve. De qualquer forma, o discurso dela foi mais voltado para as escrituras bíblicas e apontando que Yhvh não era o deus benevolente que as pessoas imaginavam que ele fosse. Houve alguns gatilhos lá também.

Ontem à noite foi na discoteca e saí por causa de algo que me incentivou a sair da cena.

Fui levado a bordo novamente. Possível abertura direcionada para a janela do meu hotel. Lembro-me de voar com meu filho, ele é definitivamente como eu. Eu sinto que também houve algo sobre o qual ele tentou falar comigo, possivelmente sobre -censurado-... houve também outra coisa que eu realmente não consigo entender neste momento.

É verdade que, em nossas conversas, desenvolvi uma certa queda por -censurado- e na medida em que as coisas evoluem além da amizade é improvável. Desde que fui implantado, fiquei preocupado com ela e com todas as crianças que salvei e queria poder ver como estavam de alguma forma. Isso é tudo, aparentemente. Ainda tenho que trabalhar na minha recordação. Como diz -censurado-, é um esforço constante que tenho que tentar trabalhar diariamente.

Mas deve-se notar que quando me levantei esta manhã, outros participantes da conferência fotografaram prováveis naves acima do hotel. Eles me viram!

O último dia do GSIC

-censurado- compartilharam suas histórias de vidas passadas, como se conheceram antes, os trabalhos que completaram e como se adaptaram ao desenrolar de suas vidas. Uma linda história de almas gêmeas e superação de desafios. -censurado- falou principalmente sobre sua experiência e revelou um dispositivo de energia phryll.

Com -censurado-, tive flashbacks. Alguns dos quais incluíam -censurado-. Notei que desenvolvi uma certa queda por ela e isso foi parte da minha influência na escolha de vir. Aparentemente, parte do que meu filho queria falar. Há um cara com quem ela se relacionou que é... preocupante. Parte de mim quer descartar isso como meus velhos hábitos de ficar com ciúmes, mas... eu realmente espero estar errado. Pensamentos felizes, pensamentos felizes. Michael não parecia preocupado, na verdade ele parecia gostar de -censurado-. Mas ele também notou algo... ela não era sua mãe... mas ela está na Terra e prestes a se revelar muito em breve.

-censurado-, eu e alguns outros nos reunimos no Outback Steakhouse para um último jantar juntos. Foi realmente ótimo me conectar com eles.

Estava lá uma senhora que mais nos chamou a atenção, -censurada-, que tinha uma presença muito majestosa. A maneira como ela andava, sentava e se comportava, você esperaria que esse fosse o comportamento de alguém com origem na realeza. ET? Talvez. Parecia que ela tinha uma disposição telepática e tentou chamar minha atenção dessa forma. Vou precisar me concentrar novamente no que aconteceu. Eu provavelmente deveria ter levado um pouco de ouro monoatômico. Entre isso e cartões de visita para acomodar todos que me reconheceram.

25 DE OUTUBRO DE 2023

Depois de alguns dias de volta à vida civil eRefletindo sobre tudo o que aconteceu, postei um vídeo de atualização para falar sobre tudo o que aconteceu. Quando chegou a visita do meu filho, comecei a lembrar mais do que havíamos conversado.

Parecia que algo o estava incomodando nas missões que vinha voando com a GFW, que ele tinha medo de assumi-las porque sabia que eu queria ver ele, suas irmãs e sua mãe. Tanto que perguntei se eles poderiam aparecer. O que, como observaram minhas atualizações anteriores, aconteceu exatamente. Meu filho era um pouco mais vocal, pelo menos pelo que me lembro. Aparentemente, sua mente estava parcialmente nervosa porque ele sabia das minhas expectativas para este evento, ansioso para potencialmente vê-las. Ele expressou as suas preocupações, fazendo o possível para garantir que eles se preocupavam comigo e que, embora mantivessem sempre uma linha aberta para falar ou oferecer ajuda quando necessário, ainda são necessários noutros locais para ajudar na guerra.

Os Negamuk estão agora do nosso lado, o que era antecipado.

Taalihara em breve estará livre.

E quando eu terminar esta vida.

Estou de volta à luta para terminar o trabalho...

Mas isso também significa que a única pessoa que procurei esse tempo todo está de fato na Terra... mas onde?

30 DE NOVEMBRO DE 2023

Há algo com que tenho lutado desde o GSIC em relação às minhas memórias; e a emoção só se intensificou depois do último vídeo do Star Nation -censurado. Não é nada negativo, apenas esmagador, para dizer o mínimo. Estou fazendo o meu melhor para engolir meu orgulho e compartilhar, pois esperava obter alguma contribuição. Digamos apenas que aqueles de vocês que sabem o que compartilhei em relação ao meu caso provavelmente podem imaginar que este é o único ponto que posso realmente compartilhar. Vou tentar ser breve...

Para quem não sabe, aqui vai um breve resumo:

Sou de Taalihara, fui rebelde e matei um Ciakharr que estava prestes a comer três filhos, entrei para a GFW como médico/cientista de campo depois que fugi, casei-me com uma mulher T'Ashkeru, tive alguns filhos, trabalhei com -censurado- em resgates de rapto antes de assumir esta missão de enviado.

Elena validou isso pessoalmente, fiz questão de verificar com ela uma vez que -censurado- surgiu antes de dizer qualquer coisa publicamente. Consegui descobrir isso seguindo conselhos -censurados- sobre como lidar com recalls e procurar mais. Isso e eu encontrei uma das crianças (obviamente agora uma mulher adulta) -censurada- e eu a salvei, até a coloquei no meu programa e mantive contato com ela para ajudá-la nas coisas em que ela estava trabalhando.

O resgate teria ocorrido no final dos anos 80, início dos anos 90. Além de quando eu havia censurado o programa e era óbvio que havia sido censurado, eu não tinha visto muito o cara desde então. No entanto, parece que durante uma das aparições -censuradas- no meu programa, -censurado- retirou uma projeção holográfica da minha esposa. Esse cara sabe um pouco mais do que diz... e parecia saber que eu sinto isso. Bem, tenho que trabalhar no processo

Fiz questão de ir ao GSIC porque sabia que meu amigo estaria lá. Ela perguntaria se eu iria, mas eu não queria fazer falsas promessas. Obviamente consegui resolver tudo e pretendo fazer o próximo. Também consegui conversar com minha família estelar e, embora eles tenham dito que estiveram ocupados com outras situações, tentariam aparecer. Escusado será dizer que eles mantiveram a sua palavra e, por mais incrível que fosse, isso abriu a porta para uma nova "revelação".

Quando falei sobre meu sequestro quando tinha seis anos, alguns sugeriram que -censurado- e eu talvez tivesse algo em comum, no sentido de que uma noite ter acabado a 30 milhas de casa pode ter sido um episódio de teletransporte inconsciente. Acontece que você pode estar parcialmente correto. Posso ter encontrado meu -censurado-...

Tenho cerca de 70% de certeza de que minha esposa não está apenas na Terra para uma missão de emissária. Mas o problema é que, se ela está aqui, sua cabeça não está tão destrancada ou (se estou lendo certo) algo a está assustando e impedindo-a de cavar mais fundo. O fato de que mal vou completar 28 anos no mês que vem e já descobri tudo o que já fiz parece ser uma anomalia em si.

Aqui está o que eu sei:

Após o resgate, -censurado- e eu tivemos um cara a cara enquanto ele me pegava pensando profundamente. Algo naquele resgate foi mais forte do que os outros. Houve um breve período em que tive tempo para colocar meus assuntos em ordem antes de ir buscar meu enviado, então me deu tempo para processar tudo. Eu disse a ele que estava apenas pensando nas crianças e se conseguiria encontrá-las enquanto estivesse aqui. Foi então que -censurado- me deu uma pista, dizendo "basta lembrar do alce". Ele sorriu e piscou de brincadeira, sua maneira de me dizer "dica, dica, você já sabe"

Enquanto estive aqui, percebi que foram meus filhos que vieram fisicamente à Terra para chegar até mim. Minha esposa sempre nos encontrava lá em cima... como se ela não pudesse descer fisicamente por medo de perturbar alguma coisa.

Haveria váriosl "visitas" de minha esposa que pareciam mais como se eu estivesse reproduzindo mensagens de vídeo em vez de uma visita física, algo semelhante ao filme Interestelar, quando o personagem de Matthew McConaughey assistia mensagens de casa.

Trabalhando com -censurado-, parece que algumas regras foram alteradas para me dar um impulso para perceber que eu não era da Terra. Tecnicamente, não deveriam fazê-lo, pois um enviado que se apercebe demasiado cedo pode causar sofrimento psicológico. Ultimamente, percebi que meus filhos tiveram uma participação nisso, eles encontraram lacunas comigo. Por que eles fariam isso? Se eu estiver certo, eles estão tentando ajudar mamãe e papai a voltarem a ficar juntos.

Trabalhando com -censurado- eu percebi que parte do motivo pelo qual meus filhos estão tentando forçar as coisas do jeito que estão é porque eles sabiam que eu queria lembrar. Eu queria tanto isso para ajudar a substituir quaisquer "bloqueios" que estavam em vigor no início.

Minha amiga em questão, eu a encontrei através do Tiktok. Ela fazia vídeos sobre temas espirituais, de conspiração e de ET e fiquei rapidamente impressionado com a quantidade de trabalho que ela colocou em seus materiais. Depois de um tempo, entrei em contato com ela por e-mail para convidá-la para uma entrevista. Ela também era fã de -censored-, então sim, eu deixei o nome dela porque -censored- estava programado para aparecer no Bald and Bonkers naquele fim de semana. Ironicamente, este foi o episódio em que perguntei -censurado- se eu estava tecnicamente tendo um caso com as mulheres com quem namorei na Terra enquanto ainda era tecnicamente casado lá em cima...

Ao gravar o episódio dela, surpreendi minha amiga ao usar CE5 e uma caixa de bebidas espirituosas para revelar seu nome verdadeiro (que ela nunca divulgou no ar). Isso a levou a revelar uma possível memória de tela, algo que os pesquisadores de ET acreditam ser uma memória falsa para encobrir a interação fora do mundo.

DEZEMBRO DE 2023 – AGOSTO DE 2024

Manter um registro tem sido um desafio com o equilíbrio entre trabalho, vida e o sobrenatural – é um verdadeiro malabarismo. No entanto, os momentos de destaque são transformadores. -censurado- deu as boas-vindas ao mundo a uma menina, um pouco atrasada, mas perfeitamente saudável. -censurado- Com o espírito alegre, minha mãe e minha avó brincaram com a ideia de um apelido para ela, -censurado-, em homenagem ao seu nascimento no Dia da Memória de Pearl Harbor.

A descoberta mais profunda, porém, foi conhecer minha esposa estrela. As pistas estavam sempre lá, sugerindo sua presença terrena. Depois que tivemos a oportunidade de nos conhecer e criar laços, as experiências que se seguiram foram nada menos que milagrosas. Testemunhámos fenómenos invulgares, ela recebeu visitas de Elaryon e até as crianças confirmaram que -censurada- é de facto uma encarnação da minha Iveena. Tudo isso veio à tona durante o casamento de Olivia, realizado a bordo de uma das quatro naves-mãe GFW que orbitam a Terra, onde ela se casou com um homem de Meton. Michael, embora em missão em outro lugar, compareceu por meio de projeção holográfica, não querendo perder o dia especial de sua irmã.

No casamento, encontrei um momento para compartilhar uma dança lenta com Iveena. Durante a nossa dança, perguntei-lhe se a mulher que tinha dado um passo à frente era de facto a sua representante terrena. Oprimida pelas emoções do dia, Iveena confirmou com um aceno de cabeça. Esse momento de vulnerabilidade me deu um vislumbre de sua mente, revelando flashes de sua vida na Terra, incluindo aspectos de nosso relacionamento atual. Algumas dessas memórias já se revelaram.

Inicialmente, -censurada- tinha reservas sobre a situação extraterrestre, apesar de seu fascínio pelo sobrenatural e de uma mente aberta. A ideia de ter outra família em algum lugar pode abalar as crenças mais fundamentais sobre a vida. Eu sei que isso aconteceu comigo quando eu tinha apenas doze anos. A constatação de que ela poderia ser a enviada de minha esposa celestial trouxe à tona uma enxurrada de lembranças que ainda estou tentando processar.

Parece que a cada momento que tenho a chance de sentar e processar algo novo surge. O simples fato de estabelecer uma conexão interpessoal com -censurado- fortaleceu a conexão com a família do espaço. As comunicações parecem muito mais fortes, meu eu astral foi fotografado em uma manifestação parcial e até mesmo vozes podem ser interceptadas através de interferência de transmissão de rádio. Além de de alguma forma conseguir o afeto de uma mulher verdadeiramente bonita que passei dezesseis anos tentando encontrar, apenas para ver que ela é real, a verdade sobre quem eu sou está vindo à tona.

Oh, como eu poderia continuar falando sobre essa senhora, ela é realmente incrível. Espero que a promessa que fiz a Olivia de sempre continuar lutando porque "mamãe vai precisar de mim para ajudá-la" seja muito mais alegre por natureza do que eu temia. -censurada- mostrou uma capacidade imaculada de ver as almas e mentes dos outros, embora duvide da legitimidade do que vê. De certa forma, isso me lembra de momentos em que eu diria que meu companheiro ideal seria semelhante à série de televisão Ghost Whisperer. Esta mulher é simplesmente perfeita, mesmo que as circunstâncias sobrenaturais que nos rodeiam não tenham limitado a nossa atenção,Acredito firmemente que ainda me apaixonaria por ela.

Mas agora que penso nisso, isso nos coloca tecnicamente em um paradoxo bootstrap? Tecnicamente, as crianças, e o nosso outro eu, vêm de um ponto cerca de 300 anos no futuro deste planeta. Provavelmente é melhor não pensar muito nisso neste momento... é um pouco de dor de cabeça. Se a visão que tive de propor casamento a ela nesta vida se concretizasse... bem, eu seria o bastardo mais sortudo do mundo.

Ah, sim, antes de abordar outros aspectos que vieram à tona, agora temos quatro filhos no lado estelar. Três meninas e um menino... curiosamente, quando -censurado- e eu fui mostrado o bebê, minha sogra celestial de Sirius B e nossa filha mais velha decidiram fazer uma visita ao enviado de minha esposa estelar para garantir sua saúde não foi afetada. Depois de alguma discussão -censurada- sugeriu que chamássemos o mais novo bebê de Lily.

Parece que algo sobre o quão forte é a nossa conexão pode causar doenças físicas às vezes... um pouco assustador de se pensar. Mas eles garantem que tudo passará sem incidentes. É provavelmente por isso que demorou tanto tempo para que outros aspectos da história do meu homólogo fossem apresentados.

Revelações sobre Elaryon também vieram à tona. Durante os seus dias no regime de Taal Shiar, parece que o meu outro eu estava entre um grupo de soldados enviados para se infiltrarem no regime nazi. Pensei ter reconhecido os símbolos nazistas durante as sessões de recall, mas não pude acreditar no que estava vendo. No dia 1º de julho, -censurado- postou um vídeo sobre Maria Orsic e como ela foi manipulada para fornecer a este planeta projetos para construir embarcações sofisticadas. Esta inserção, este acto de infiltração, explicaria porque é que a sua imagem desencadeou recordações de estar num quarto escuro a receber instruções de missão, e a nós, soldados, sermos informados de que esta mulher foi usada e seria morta.

O vídeo mencionava acordos "censurados" afirmando que foram fechados entre o Taal Shiar e o Terceiro Reich em algum momento antes de 1940. O que torna isso interessante é o fato de que encontrei duas fotos (provavelmente mais) de Hitler caminhando pelo local durante os comícios de Nuremberg datados de 1927 e 1936 que mostram um indivíduo que se parece muito com um jovem Elaryon (uma foto mostrada acima, veja o cavalheiro atrás de Hitler olhando diretamente para a câmera).

O fato de os Taal serem talvez a espécie mais próxima dos humanos neste planeta, torna-se um pouco mais fácil para eles caminharem entre nós sem serem notados. O facto de aparentemente Elaryon ter passado algum tempo na Terra dá-me a oportunidade de reunir algumas provas verdadeiramente incríveis num período de tempo linear.

Mas, apesar do tremendo progresso alcançado, devo relatar uma perda. Meu parceiro no crime com Bald and Bonkers e eu não existimos mais. Estávamos à deriva há algum tempo, discutindo sobre como fazer os shows, e em conversas privadas uma aparente falta de respeito pessoal e uma vontade de provocar drama me levaram ao limite. Acabei de terminar, mas desejo-lhe boa sorte em seus esforços. Eu só queria, com os aspectos restantes do parentesco que senti quando nos tornamos amigos, que ele fosse mais honesto.

Os problemas começaram há algum tempo, quando suspeitei que estava intencionalmente a tentar enganar e manipular os eventos que rodeavam o meu contacto ET, tentando afastar-me daqueles que realmente forneceram informações úteis e duvidaram da sinceridade. O idiota não tinha ideia de que ele estava sob vigilância. Uma parte de mim é capaz de considerar isso um mal-entendido, até que se tornou óbvio que ele estava mais uma vez tentando aumentar seu próprio ego sob falsos pretextos e mentiu na minha cara quando tive as evidências. Talvez com o tempo eu encontre coragem para consertar essa ponte, mas é melhor seguirmos caminhos separados.

8 DE AGOSTO DE 2024

Visita ao planeta parecido com Duna, intensa batalha ocorre após ataques de meteoros azuis esverdeados, invadidos por soldados brancos com aparência de robô Terminator. Eu devia estar ausente há pelo menos dois meses, no espaço-tempo. No tempo linear da Terra, podem ter parecido apenas alguns minutos. Eu realmente tenho que sentar nisso. Eu lancei uma gravação do Gigolo Intergaláctico para registrar publicamente a data e hora deste incidente até que alguém dentro da minha rede potencialmente encontre algo conectado.

2 DE SETEMBRO DE 2024

No canal -censurado- do YouTube, são discutidas relações diplomáticas envolvendo os -censurados-. A descrição desta raça definitivamente parece ser uma candidata viável para residir no planeta semelhante a Duna. Eu discuti essa conexão um pouco detalhadamente no novo segmento de Bald and Bonkers que intitulei Gigolo Intergaláctico. A lista completa dos episódios do Gigolô Intergaláctico pode ser encontrada: https://youtube.com/

playlist?list=PLkDvo91I6DBAlza9moIlrrA-
A3fr5RPa_&si=7TRIjq45ZTBI7vBa

A entrada final deste texto...

Deixo isso como um registro para que o leitor saiba que este não é o fim da história; muito mais está sendo continuamente descoberto quase diariamente e tem sido muito difícil para mim simplesmente acompanhar. Há mais entradas que adicionarei com o tempo, espero que mtornando as coisas compreensíveis para o homem comum. Há também um assunto sobre o qual jurei manter segredo até novo aviso. Mais interações com minha família estelar ocorreram, incluindo a revelação de que minha filha celestial mais velha estava grávida no momento em que escrevo isto. Isso mesmo, vou ser avô. Não tenho nem trinta anos!

Nas últimas semanas, tenho pessoas querendo me levar de volta aos meus dias de caça às recompensas, depois que ocorreram batidas policiais e restos mortais foram encontrados em condições semelhantes a um caso em que trabalhei anos atrás. Também estive à procura de um animal de estimação ilegal, kinkajou, algum idiota abandonado e solto, na esperança de capturar e transportar a criatura para algum lugar onde ela possa receber os cuidados adequados antes que o inverno chegue oficialmente. No início de outubro a criatura foi encontrada, fraca por falta de comida, mas em geral saudável.

Nos últimos dias de Setembro, também estou a tentar uma pequena experiência envolvendo um evento que está a ser realizado no Colorado para ver se as minhas viagens com a minha família estelar seriam vistas por mais testemunhas. Até agora parece altamente provável, mas o cansaço causado por não manter adequadamente o regime de exercícios está me deixando com problemas físicos. Nada que um pouco de R&R não resolva. Foi organizado por -censurado- para que várias naves aparecessem, e meu filho era um dos pilotos. Pelas minhas contas, havia pelo menos quinze naves separadas, algumas utilizando drones para efeito adicional. Posso estar interpretando mal o que vi. Gostaria de estar fisicamente no local para ver mais de perto, mas minhas prioridades mudaram muito no último ano.

Eu tinha ouvido rumores de um avistamento em massa organizado, um pequeno aglomerado de naves e talvez uma nave avançada da Terra, vagamente baseada em naves ET. A infame nave anti-gravidade TR-3B, para ser exato. Oficialmente eles não existem. Aqui em Idaho eu testemunhei pessoalmente um, assim como centenas de outros em um avistamento em massa de OVNIs que permaneceu fora dos sites da mídia de notícias. A principal razão pela qual fui notificado foi devido aos meus contatos nas autoridades locais.

De volta ao evento, o experimento de visão remota foi um sucesso da minha parte. As multidões eram um pouco mais excêntricas desta vez. O que é bom, até certo ponto, você não quer que pessoas tóxicas estraguem a vibração de um grande evento. Isso tornou um pouco mais difícil o foco, pois muitos fatores móveis estavam em jogo. Durante o auge do evento, lembro-me de ter visto pelo menos 15 embarcações. O suposto TR-3B parecia um pouco "elegante", o que me levou a acreditar que poderia ter sido um modelo mais novo da mesma "família" de embarcações. Tive que retirar um pouco dos meus esforços porque tinha desenvolvido uma enxaqueca por exaustão... a minha vida pessoal tem estado um pouco caótica. Entre reconstruir Bald and Bonkers do zero depois de romper com meu antigo parceiro, manter relacionamentos pessoais, voltar ao campo para uma série de operações e até mesmo expandir para novos caminhos... é seguro dizer que ainda tenho ainda falta um pouco de crescimento.

Acho que terei que terminar este livro com uma última seção...

14 DE OUTUBRO DE 2024

Como sempre, toda vez que tento sentar e escrever minha história de alguma forma, sempre acontece algo que chama minha atenção. Verdade seja dita, talvez eu tenha que deixar esse evento específico passar. Na vastidão do espaço, recebi a notícia e posso validar com meus próprios olhos que minha filha Olivia deu as boas-vindas ao seu primeiro filho ao mundo. Revelado em um episódio de "Intergalactic Gigolo", é uma menina chamada Emily.

Entre isso e meu filho estar "noivo" de uma possível (com base em sua aparência física) mulher Zygon, que me permite chamá-la carinhosamente de "Viv", a família continua a crescer.

Eu não poderia estar mais orgulhoso dos meus filhos. Ireena é quase uma adolescente agora e a bebê Lily não é tanto um bebê, mas está crescendo e se tornando uma jovem adequada. Claro que toda a viagem no tempo, estar em duas pessoas no espaço ao mesmo tempo, torna as coisas um pouco confusas... mas é tudo amor.

Reflexões do Especialista

"No momento e na data em que escrevo esta carta, já se passaram quase vinte e dois anos desde que me deparei pela primeira vez com seres que não são do mundo. Medindo a partir deste momento, já se passaram mais de dezesseis anos desde que descobri que não estava sozinho neste universo. Treze desde que comecei a me tornar público, mas apenas quatro para realmente reconhecer o que eu estava procurando e apenas alguns meses se passaram desde que encontrei a única pessoa que venho tentando encontrar. junto. Tenho apenas vinte e oito anos. anos de idade."

Isto veio de uma conversa que tive com minha namorada, a enviada confirmada de minha esposa celestial Iveena. Foi um testemunho de quanto da minha vida estava ligada ao sobrenatural, o quanto dela estava resumida na tentativa de entender o que estava acontecendo comigo, mas o mais importante, tentar encontrar uma mulher que eu temia seria uma ilusão de uma mente perdida. . Felizmente, as probabilidades de tal desorientação foram consideradas quase nulas, pelo menos da perspectiva em que me encontro.

Uma vez, o fenômeno OVNInão foi algo que prestei muita atenção, mas à medida que me tornei mais aberto a isso, ainda existem elementos que me incomodam. Isto inclui as disputas contínuas do público e as crenças quase religiosas que alguns grupos integraram nas suas opiniões. Uma lembrança particularmente angustiante para mim é como, durante meus tempos de escola, as crianças usavam a história de Davi e Golias para me provocar conflitos por causa da minha altura. Percebi que não sou o único na minha família a suportar essas experiências.

Há muita coisa que optei por não divulgar aqui, em parte por respeito à privacidade dos outros e em parte porque nunca fui bom em documentar certos acontecimentos da vida. Havia coisas que eu queria desesperadamente esquecer, escapar e com as quais cortar todos os laços. Surpreendentemente, o envolvimento com o fenómeno OVNI obrigou-me a confrontar estas partes do meu passado; era como se eu estivesse aprendendo a abandonar hábitos de vidas passadas. A experiência foi bizarra e avassaladora, e não há palavras para descrevê-la completamente. Pela primeira vez, senti como se estivesse virado do avesso, compelido a confrontar a verdade que me olhava no espelho.

Houve momentos em que eu gostaria de ainda estar "lá em cima", como muitos de meus amigos/mentores se referem ao espaço. Lá em cima eu era um guerreiro e curandeiro, pai de quatro lindos filhos, um marido bastardo sortudo de uma das mulheres mais sexy que já vi, tinha amigos... havia amor e respeito mútuos. Enquanto eu estava finalizando este texto... Olivia teve sua própria filha. Agora sou avô também. O conflito ainda existia, mas era para fins de moralidade e não para ganho pessoal.

Aqui embaixo? Parecia que eu era odiado por todos, mais como um fantasma do que pelos espíritos da noite. As pessoas, conscientes de sua própria estatura, presumiam que, por eu ser maior e mais alto do que elas, eu constantemente desprezava todo mundo. Sendo que agora tenho 6'7 ", é apenas no sentido literal, porque matematicamente falando, apenas 0,01% das pessoas nos Estados Unidos são mais altas do que eu. Fui julgado por aspectos de mim mesmo que não poderia mudar. Minha própria mãe e a avó ameaçaria fazer o papel de vítima e envolver a polícia a qualquer momento. Eu ficaria visivelmente chateado só para afirmar o domínio sobre mim. Admito que posso ser um idiota às vezes, algo em que venho trabalhando, mas tanto quanto eu. estou igualmente grato por tudo que eles fizeram para me ajudar a chegar tão longe quanto cheguei na vida; ter as pessoas em quem você deveria confiar se voltando contra você dessa forma deixa uma marca.

Alguns provavelmente tentarão dizer que não devo mencionar esse aspecto, manter o drama familiar na família. Em alguns aspectos eles podem estar certos, mas reconhecer o que aconteceu e como minha própria mente conseguiu interpretar tudo é um passo que devo dar para garantir que as feridas que sobraram sejam curadas. Se ao sair e reconhecer essas verdades consegui ajudar outras pessoas que passam por provações semelhantes, então pelo menos fiz algo de bom. As sugestões de recordações de memória também permitiram que certos eventos que reprimi viessem à tona; como meu próprio pai tentando me agredir sexualmente, outros membros da família fazendo ameaças de violência sexual, ou minha madrasta possivelmente me expondo ao LSD quando era jovem.

Não vou desperdiçar estas páginas para expor minhas queixas; futuras edições deste texto que possam ter informações atualizadas poderão fazer isso. Isto é para admitir algo para mim mesmo, talvez esclarecer as coisas. Isto é para ajudar outras pessoas que tiveram dificuldade em contar suas próprias histórias a encontrar inspiração para falar. As afirmações extraordinárias que fiz sobre encontros com outros mundos alimentaram a suposição de que estou atrás de fama e fortuna; que eu deveria alocar meu tempo e recursos para assuntos terrenos, em vez de dar atenção às estranhezas frequentes em minha vida. Outros presumiram que eu não havia feito nenhuma tentativa de levar uma vida humana normal, sem ter feito quaisquer perguntas pessoais para chegar a tais conclusões.

Cheguei à conclusão, e estou mais do que feliz em admitir que posso estar errado, que muitos desenvolveram a noção de que tudo o que veem estampado em uma superfície bidimensional é a história completa. O que para mim parece... preguiçoso. Como é possível colocar tudo o que passaram, a sua base de conhecimento, as suas experiências, os seus sentimentos, todos os bens da experiência humana numa superfície plana? Colocar tudo em um vídeo do YouTube? Um vídeo do Tiktok ou um tweet? Os romances podem ser um desses caminhos, mas há um limite para o que se pode colocar em palavras. Baseando-se em tais exemplos para formular o indivíduo completo; pensamentos, sentimentos, ideias, vontades, necessidades, desejos e tudo mais que constitui a pessoa.

Há algumas coisas feitas neste texto que podem suscitar algumas perguntas do público; especialmente considerando quantos vieram a saber sobre mim. Minha censura de nomes foi uma escolha de respeitar a privacidade dos outros envolvidos, pois encontrar tempo para obter as permissões adequadas tornou-se um pouco complicado. Também foi uma escolha seguir minha preferência de trabalhar sozinho e evitar certos dramas para concentrar mais minha energia ema tarefa em questão, para dar mais foco onde eu sentia que poderia fazer mais bem. Por mais que eu não devesse sentir nenhuma responsabilidade real em ajudar minha irmã a cuidar de sua filha, não fazer parte da vida daquela menina parece errado... especialmente com o quão apegado me tornei.

As coisas que consegui fazer nesta vida foram por minha própria vontade e, embora sempre permaneça eternamente grato pela ajuda que outros me deram ao longo do caminho, cansei-me da rejeição de que certas conclusões são porque "eles" as pregaram. Sou soberano em meus esforços, aberto à colaboração, mas o que vocês veem de mim é obra minha e não de qualquer tipo de gestão.

Optei por seguir e estudar as obras de certas pessoas porque, seguindo os seus conselhos, ocorreram acontecimentos ainda mais extraordinários, convencendo-me da sua legitimidade. De todos os "testes" que consegui compilar com a minha pesquisa, foram eles que passaram além de toda expectativa. É apenas um subproduto das conversas que ocorreram. Tenho a honra e o privilégio de chamar essas pessoas de meus amigos. Indiretamente fiz referência aos seus trabalhos, principalmente na identificação dos nomes das espécies de ETs, para dar mais especificações aos tipos de entidades que encontrei, em vez dos rótulos genéricos como "Pleiadianos", "Arcturianos", etc... vistos em maioria dos círculos da nova era. Parecia mais respeitoso dessa forma, e de forma alguma é uma tentativa de tentar roubar o material de algumas das pessoas mais inteligentes que conheço.

Entrei nisso apenas tentando encontrar minha família, entender o que estava acontecendo e talvez ajudar outras pessoas ao longo do caminho. Houve erros? Com certeza, em alguns lugares parecia que bati meu rosto com força em uma parede de tijolos. Mas esses erros fazem parte do aprendizado. E embora eu possa não concordar necessariamente com a forma como certos indivíduos conduzem seus negócios e como apresentam essas informações... também tive tempo de interagir com eles individualmente e o suficiente para saber que seu motivo vem do coração. Na verdade, esse fato por si só importa mais do que tudo o mais.

Digo isso porque embora este segmento seja intitulado "Reflexões", há uma afirmação que desejo fazer. Só porque você leu este livro, não significa que conhece a história completa. Posso, um dia, decidir relançar este texto com ainda mais entradas adicionadas que podem mudar toda a narrativa. Minha história está longe de terminar, e optar por substituir a interação humana pela definição do escopo dos materiais que liberei só levará a mais confusão. Acredite, uma parte de mim ainda fica um pouco distorcida com tudo o que acontece.

Minha próxima adição à coleção de livros que escrevi para ajudar a entender minhas desventuras será intitulada "Compêndio FransenFiles" e irá se aprofundar mais no lado da pesquisa de várias interações. Teorias, descobertas, análise de incidentes; você escolhe, espero que eu consiga. Minha inclusão de imagens geradas por inteligência artificial foi estritamente para fins ilustrativos, embora eu planeje revitalizar algumas ideias antigas para criar meus próprios programas de IA. As fases iniciais destes também estão em andamento.

Posso administrar minha própria empresa e, obviamente, ter contas a pagar, mas não estou buscando fama ou fortuna por meio de meus esforços. Os números nas redes sociais podem proporcionar uma sensação de credibilidade e abrir novos caminhos, e eu estaria mentindo se não tivesse ficado muito animado quando solicitado a dar entrevistas e coisas assim, mas esse não é o legado que quero deixar. Faço o que faço porque gosto. Faço o que faço porque me pareceu a melhor maneira de ajudar os outros a sair da sua concha e partilhar as suas histórias para que a mudança pudesse ocorrer. Eu me coloquei lá fora, da maneira que faço, porque parecia a melhor maneira de alcançar outras pessoas que se convenceram de que estão sozinhas... algo que conheço demais.

Mas talvez essa seja a principal lição de tudo isso? Que nunca estamos verdadeiramente sozinhos e somos capazes de muito mais. Que alguém, em algum lugar, neste fragmento infinito da criação, é sempre alguém que sente por você, cuida de você, quer que você prospere. O dia a compreensão do que foi necessário, do que é necessário, para que esses seres estivessem neste momento conosco; será o dia em que a humanidade nesta Terra terá verdadeiramente evoluído. Quanto ao potencial que está à espreita?

Isso é você quem decide. Qualquer um pode lhe dar informações sobre o que existe no universo, mas o que você fará com essas informações para ajudar outras pessoas?

A única limitação é a imaginação.

Links para mais informações

Visite o site da Bald and Bonkers Network LLC para obter mais informações: www.baldandbonkers.net

Siga o canal Bald and Bonkers Network LLC no YouTube para vídeos, shows, músicas e muito mais: https://www.youtube.com/@BaldandBonkers

Assista "A Caçada a Olivia: O Corte Paraflixx": https://paraflixx.vhx.tv/videos/the-hunt-for-olivia

Assista "Laços do Além": https://paraflixx.vhx.tv/videos/bondsofbeyond-paraflixx-paranormal-plus

Dakota faz uma breve aparição no NationalEpisódio 11 da segunda temporada de "Drain the Oceans" da Geographic, intitulado "Secrets of Loch Ness"

Leia "Dear Kota: Time to Fess up" para descobrir a primeira tentativa literária de Dakota de compreender sua estranha vida; disponível em livrarias online

Novas edições deste texto poderão ser lançadas futuramente dando mais detalhes sobre os incidentes descritos

Fique atento ao "Compêndio FransenFiles!"

Dakota Frandsen, também conhecida como a "Especialista do Estranho", é uma criadora de multimídia, investigadora paranormal e fundadora da Bald and Bonkers Network LLC. Com uma paixão vitalícia por descobrir os mistérios do sobrenatural, Dakota construiu uma carreira em torno de ultrapassar limites e explorar o desconhecido. Sua jornada começou na adolescência com apenas curiosidade e determinação, levando-o a se tornar um reconhecido especialista nas comunidades paranormais e ocultas.

O trabalho de Dakota abrange diversas mídias, desde livros e músicas até podcasts e cursos online. Como força motriz por trás da Bald and Bonkers Network LLC, ele se dedica a ajudar outras pessoas a encontrarem sua voz, não importa quão pouco convencional seja, fornecendo ferramentas e recursos para contar histórias pessoais e desenvolvimento de marca.

Além de sua experiência paranormal, Dakota é um contador de histórias de coração. Sua escrita muitas vezes combina experiências pessoais, temas sobrenaturais e cartas introspectivas para seu eu mais jovem, oferecendo aos leitores uma visão única de seu mundo de crescimento, descoberta e sobrevivência.

Dakota também lidera projetos como "Por que somos sobrenaturais", uma antologia colaborativa que captura histórias reais de encontros sobrenaturais, e administra a Bald and Bonkers Network Academy, que oferece cursos gratuitos desenvolvidos para capacitar empreendedores e criativos. A sua ambição de construir uma comunidade global de contadores de histórias continua a alimentar o seu crescente corpo de trabalho.

Fora de seus empreendimentos profissionais, Dakota é profundamente apaixonado por criar conteúdo que conecte as pessoas e as inspire a abraçar suas próprias jornadas, por mais estranhas ou misteriosas que possam parecer.